铁路客货营销理论与实践

胡小娟　编著

中国铁道出版社
2018年·北京

内容简介

本书从铁路客货运输实际出发，结合市场营销理论和经典案例，链接实时信息，研究客货营销的行业特色，探索铁路企业深化改革、市场化转型之路。全书共分三部分：市场营销基本知识、铁路客运营销和铁路货运营销。

本书可供铁路客货运输工作人员、大专院校相关专业学生学习、研究参考。

图书在版编目(CIP)数据

铁路客货营销理论与实践/胡小娟编著．—北京：中国铁道出版社，2018.12

ISBN 978-7-113-25282-3

Ⅰ.①铁… Ⅱ.①胡… Ⅲ.①铁路运输-市场营销学 Ⅳ.①F530.6

中国版本图书馆 CIP 数据核字(2018)第 283916 号

书　　名：铁路客货营销理论与实践

作　　者：胡小娟　编著

责任编辑：于　秀　杨　哲　　　**编辑部电话：**010-51873044

封面设计：王镜夷

责任校对：苗　丹

责任印制：高春晓

出版发行：中国铁道出版社（100054，北京市西城区右安门西街 8 号）

网　　址：http://www.tdpress.com

印　　刷：三河市宏盛印务有限公司

版　　次：2018 年 12 月第 1 版　2018 年 12 月第 1 次印刷

开　　本：880 mm×1 230 mm　1/32　**印张：**6.75　**字数：**143 千

书　　号：ISBN 978-7-113-25282-3

定　　价：30.00 元

前言

QianYan

在党的十九大报告中，习近平总书记把坚持以人民为中心作为新时代坚持和发展中国特色社会主义的重要内容。他强调："人民是历史的创造者，是决定党和国家前途命运的根本力量。必须坚持人民主体地位，坚持立党为公、执政为民，践行全心全意为人民服务的根本宗旨，把党的群众路线贯彻到治国理政全部活动之中，把人民对美好生活的向往作为奋斗目标，依靠人民创造历史伟业。"这充分彰显了我们党始终坚持以人民为中心的价值追求和执政为民的责任担当，为把新时代中国特色社会主义推向前进提供了价值遵循。以人民为中心的发展思想，鲜明回答了"依靠谁发展、为了谁发展"这一发展中的根本问题、原则问题，彰显了我们党热爱人民、服务人民，坚持人民至上的立场和感情。

铁路运输企业深入学习贯彻落实党的十九大精神，就是要坚持以人民为中心的价值追求，将人民是否真正得到实惠、人民生活是否真正得到改善、人民权益是否真正得到保障作为检验发展成效的根本标准，充分认识并适应我国铁路运输的主要矛盾由运能严重不足、无法满足正常运输需求逐步转化为人民日益增长的美好生活需要与运输供给不平衡不充分的矛盾现实，不断优化供给结构，促进互联网与高铁网融合发展，提高大众化、个性化供给质量，降低全社会物流成本，全面提高运输质量和服务质量，为更好推动人的全面发展、社会全面进步提供支撑和保障。

中国铁路总公司认真落实党中央、国务院关于深化国有企业改革决策部署，大力推进公司制改革。2017年11月19日，十八个铁路局改制成立集团公司，统一正式挂牌。公司制是现代企业制度的有效组织形式，有利于明确出资人、董事会、监事会、经理层和党组织之间的权责边界，有利于探索建立中国特色现代国有企业制度。此外，通过公司制改革，实现出资人所有权和企业法人财产权的分离，赋予企业独立的法人财产权，有助于促使国有企业真正成为依法自主经营、自负盈亏、自担风险、自我约束、自我发展的独立市场主体，从而激发企业内生活力，深入转换经营机制，实现更好更快发展。

“交通强国，铁路先行”。构建具有中国特色的现代国有企业制度，加快建成有效制衡的公司法人治理结构和灵活高效的市场化经营机制，不仅需要铁路按照企业化、市场化运作的要求，结合铁路总公司新的盈亏考核机制推行，在客货运输、收入分配、经营开发等方面进行综合性、系统性改革，全面增强企业发展的内生动力，而且要求铁路运输企业以市场为导向，以经济效益为中心，积极探索融入市场的经营管理思路，努力打造适应市场的营销体系，通过供给侧结构性改革和

"强基达标、提质增效",提供更加安全、优质、便捷的运输服务,激活潜在的运输市场需求,在转型升级中抓住新的增长点,加快形成高效运转、管理规范、充满活力的市场主体。

2018年,铁路持续深化运输供给侧结构性改革,集中力量推进货运增量行动、客运提质计划和复兴号品牌战略,这三大举措的落地实施需要市场营销理论,也需要探索和创新铁路客货营销,走出一条具有铁路行业特色的转型发展之路。作者在收集了大量相关文献资料的基础上,持续调查研究铁路客货运输,并结合二十多年来教学科研工作经验编写了本书,作为课题《服务蓝图技术在铁路客站的应用研究》的阶段性成果。

铁路企业还在市场化转型初期,客运及货运营销都还刚刚起步,且作者水平、经验及研究时间有限,不足之处还请读者指正。在本书的写作过程中,领导和同事们给予了我很多指导和帮助,特别是张举博、李俊、杨宁岗三位同志,特此致谢!

胡小娟

2018年9月

目录 MU LU

市场营销基本知识

铁路客运营销

铁路货运营销

市场营销基本知识

第一节 市场与市场营销

管理大师彼得·德鲁克说过："企业管理的根本任务只有两个——创新和营销"。企业如何在竞争环境中开拓市场，获得理想的经济效益？关键在于提高企业营销素质，创造性地拓展市场经营与销售。企业界普遍认为，不懂市场营销就无法领导和维持企业的生存和发展，任何企业的管理人员如果没有营销理论知识，就不可能取得成功。

市场营销学是一门建立在经济科学、行为科学和现代管理理论基础上的应用科学，其核心内容就是在满足顾客需要的前提下，使企业在竞争的市场环境中获得生存和发展。市场营销学主要研究以满足消费者需求为中心的企业营销活动过程及其规律性，具有全程性、综合性、实践性的特点。今天，市场营销学已成为企业在快速变化、激烈竞争的市场中谋求生存与发展的管理利器，在经济和社会的各个领域得到了广泛应用。

在现代市场经济条件下，企业必须按照市场需求组织生产。明确自己产品的市场规模、消费者及其构成，是企业制定营销战略和策略、组织营销活动的基本出发点。

【案例1】 把木梳卖给和尚

一家公司招聘业务主管，报名者云集。招聘主管认为相马不如赛马，于是出题让应聘者把木梳卖给和尚，以十天为限，多卖者胜出。绝大多数应聘者愤怒地说："出家人要木梳何用？这不是拿人开涮嘛。"最后只有三个人来应试。

十天之后，三个应试者回来了。

招聘主管问第一个回来的应试者:“卖出多少把?”回答是:“1把。”并且历数各种辛苦,直到发现了一个有头癣的小和尚,才以木梳可以挠头皮止痒为由卖出去1把。

主管问第二个应试者:“卖出多少把?”回答是:“10把。”他说跑到一座名山古寺,对住持说山风吹乱了香客头发是对佛的大不敬,于是寺庙的住持买了10把给香客用。

主管问第三个应试者:“卖出多少把?”回答是:“1 000把。不够用还要增加。”主管惊诧地问到:“怎么卖的?”应试者说:“我到一个香火很旺、香客络绎不绝的深山宝刹,找到住持对他说,来进香的善男信女都有一颗虔诚之心,都想拥有寺院的回赠作为纪念。我这里有一批木梳,住持您书法超群,可以刻上字做赠品。住持听完大喜,就把我带的1 000把木梳全部都买了,而得到梳子的香客也满心欢喜,香火更加兴旺。住持还要我再卖给他一些梳子。”

营销启示:把木梳卖给和尚,听起来匪夷所思,把别人认为不可能的开发成为新市场,才是真正的营销高手。

一、市　场

市场,是由一组具有买卖关系的经济实体构成的,这种买卖关系的性质通过买主和卖主的数量规模及双方的交易规则反映出来。从营销角度看,市场可以理解为愿意并能够通过交换来满足某种需要或欲望的全部潜在顾客。

市场包含三个主要因素:有某种需要的人,为满足这种需要的购买能力和购买欲望。这三个因素是相互制约、缺一不可的,只有三者结合起来才能构成现实的市场,才能决定市场的规模和容量。例如,一个国家或地区人口众多,但收入很低，人均购买力有限，就不能构成容量很大的市场；如果一个国家或地区虽然人均购买力很高，但人口很少，也不能成为很大的市场；只有一个国家或地区人口多，人均购买力又高，才能成为一个有潜力的大市场。同样，如果产品不适应顾客需要，不能引起人们的购买欲望，对企业销售者来说，仍然不能成为现实的市场，所以，市场是上述三个因素的统一。

二、市场营销

所谓市场营销，是指个人和集体通过创造、提供、出售、同别人自由交换产品和服务的方式获得自己所需产品或服务的社会过程。

1. 市场营销的目的是满足欲望和需要

欲望是指想得到需要的具体满足品的愿望，是个人受不同文化及社会环境影响而表现出来的对基本需要的特定追求。例如，为满足“解渴”欲望，人们可能能选择喝白开水、茶、汽水、果汁、绿豆汤或者蒸馏水。

市场营销者无法创造需要，但可以影响欲望，通过开发及销售特定产品和服务来满足欲望。需求是指人们有能力购买并愿意购买某个具体产品的欲望，实际上也就是对某特定产品及服务的市场需求。市场营销者总是通过各种营销手段来影响需求，并根据对需求的预测结果决定是否进入某一产品或服务市场。

2. 市场营销不同于简单的推销

交换过程是一个主动、积极寻找机会，满足供求双方需要和欲望的社会过程和管理过程。在交换双方中，如果一方更主动、更积极地寻求交换，就称之为市场营销者，而把另一方称为潜在顾客。交换过程能否顺利进行，取决于营销者创造的产品和价值满足顾客需求的程度以及对交换过程的管理水平。

市场营销不同于销售或促销。现代企业市场营销活动包括市场营销研究、市场需求预测、新产品开发、定价、分销、物流、广告、公共关系、人员推销、销售促进、售后服务等，而销售仅仅是现代企业市场营销活动的一部分，而且不是最重要的部分。彼得·德鲁克甚至指出："市场营销的目的就是使推销成为不必要。"海尔集团公司总裁张瑞敏认为："促销只是一种手段，但营销是一种真正的战略。"营销的本质不是"卖"，而是"买"，买进来的是用户的意见，然后根据用户的意见改进，达到用户满意，最终得到用户的忠诚，这样企业才能获得成功。从某种意义来讲，营销意味着企业应该"先开市场，后开工厂"。

从世界范围的企业管理实践看，市场营销在不同时期引起了不同行业的重视。20 世纪 80 年代以来，服务行业尤其是航空业逐渐接受了市场营销思想，航空公司开始研究顾客，并对他们提供各项服务，包括时刻表的安排、行李的处理、坐席是否舒适以及飞行过程中的服务人员的态度是否友好等。

第二节　铁路客货营销基本认知

通过满足需求达到顾客满意，最终实现包括利润在内的企业目标，是现代企业市场营销的基本精神。

【案例 2】　制鞋公司开拓"不穿鞋岛国"市场

某美国鞋业公司想要把自己的产品卖给太平洋一个小岛

上的土著居民。该公司首先派去了自己的财务经理，他回来后的结论是"这里的人根本不穿鞋，此地不是我们的市场。"该公司又把自己最好的推销员派到该岛上以证实这一点。一周之后，该推销员回电："这里的居民没有一个人穿鞋，这是巨大的潜在市场，可以把我们的鞋销售到这里。"该公司最后又把自己的市场营销副经理派去考察，两周以后他回电说："这里的居民不穿鞋，但他们的脚有许多伤病，可以从穿鞋中得到益处，而且他们的脚普遍小且厚，我们必须重新设计我们的鞋。我们要教给他们穿鞋的方法并告诉他们穿鞋的好处。我们还必须取得部落酋长的支持与合作。他们没有钱，但岛上盛产菠萝。我测算了一下，三年内的销售收入以及成本，包括把菠萝卖给欧洲的超级市场连锁集团的费用，我们的资金回报率可达30%，因而我建议公司开辟这个市场。"这个市场营销副经理通过自己的调查分析，不但发现了顾客需求，更重要的是找到了满足需求的办法，为公司开发可获利的市场提供了正确的方法。

党的十八大以来，我国铁路事业发展取得了举世瞩目的重大成就，铁路运输服务多样性、选择性、舒适性和便捷性不断增强，获得社会各界的广泛关注和赞誉。随着公司制改革的全面深化，铁路运输企业在如何成为"自主经营、自负盈亏、自担风险、自我约束、自我发展"的市场主体和法人实体、如何建立现代企业制度等方面都有许多问题需要研究解决，指导思想、经营理念、组织方法都必须实现根本性转变，硬件设备和软件服务也必须有很大的提高。因此，为了更好地适应企业生存和满足经济社会发展的双重需要，铁路运输企业必须转换经营机制，强化市场导向，增强服务意识，善于发现并满足旅客货主的新需求,在客货营销的探索创新中不断壮大国有企业。

市场营销强调以顾客需求为中心展开整个企业的经营活动,所有营销组合策略的制定都围绕顾客需求这个中心，使每一个因素都能成为顾客让渡价值增加的驱动因素。建立和强化顾客让渡价值优势,是营销导向的本质要求，是营销观念的真正体现。有鉴于此,罗伯特·劳特朋提出了有别于传统4P理论的4C理论:

1. 瞄准顾客需求(Customer),即根据顾客的现实和潜在需求来生产和销售产品，而不是考虑企业能生产什么产品。

2. 了解消费者的成本(Cost),即消费者为满足其需求和欲望，愿意付出多少钱,而不是企业从自身利益出发，先给产品定价，向消费者要多少钱。

3. 消费者的便利性(Convenience),即考虑如何方便顾客购买，顾客最愿意、最容易接近的渠道是什么。

4. 与消费者沟通(Communication)，即通过互动、沟通等方式，将企业内外营销不断进行整合，把顾客和企业双方的利益无形地整合在一起。笔者认为,4C组合理论为铁路运输企业强化市场营销基本认知,加快法治化市场化转型提供了基本的和框架和指导。

一、充分满足旅客货主需求,提升人民群众幸福感

以人民为中心的发展思想把人作为发展的目的和归宿,追求人的全面发展。具体而言,就是要全方位满足人的真实需要,全方位丰富和提高人创造美好生活的能力,努力实现人的全面发展。着眼于增强人的幸福感受、促进人的全面发展,

就应该围绕满足“人民日益增长的美好生活的需求”来不断提供新产品新服务，发展新模式新业态，实现发展的转型升级。

坚持以人民为中心的价值追求，必然要求铁路企业经营要转移到以提升顾客满意度为重点的营销战略上来。顾客满意是顾客的一种主观感觉状态，但这种感觉状态的形成是建立在“满足需要”的基础之上的，是站在顾客角度对企业产品和服务价值的综合评估。研究表明，顾客满意既是顾客本人再购买的基础，也是影响其他顾客购买的要素。对企业来说，前者关系到能否保持老顾客，后者关系到能否吸引新顾客。因此，让旅客、货主满意，是铁路企业赢得顾客，占领并扩大市场和提高效益的关键，也是让人民群众有更多幸福感的必然选择。

不断深化运输供给侧结构性改革，就是要重视研究旅客货主的需要和欲望，建立以顾客为中心的营销观念，并以此为红线贯穿于铁路企业生产经营活动的始终和全过程。长期以来，铁路企业服务规范及标准带有较深的计划经济烙印，有些规范及标准的制定考虑铁路自身工作要求的多，而考虑旅客和货主需求的少。因此解决好“让谁满意”的问题，是当前铁路在供给产品创新和提高服务质量过程中亟待解决的根本性问题，也是推进铁路企业完成由运输生产型向市场经营型转变的关键所在。

坚持以人民为中心的价值追求，更好地满足人民对美好生活的向往，就是要践行人民铁路为人民的宗旨，积极塑造“以人为本”“顾客就是上帝”等经营理念，从根本上完成从“对上级负责”向“对旅客、货主负责”转变；从“管理旅客为中心”向“服务旅客为中心”转变。不难看出，从“高铁点餐”“自主选座”到“接续换乘”“火车票微信支付”，再到“双十一黄金周”冲刺高铁快运产品、“一日一图”等，铁路运输企业在市场化转型中进行着不懈地探索和努力，受到了社会各界的广泛关注和好评。

进一步提高铁路运输质量和服务质量，就是要坚持市场化导向，深化运输供给侧结构性改革，不断增加客货服务有效供给，优化完善运输供给结构，巩固扩大铁路运输市场份额。从操作层面来看，必须从旅客、货主的角度出发，通过扎实细致地市场调研和大数据分析，认真研究不同时期旅客货主的共同需求特点以及同一时期不同类型旅客货主需求的个性化特征，做好市场细分和市场定位，据此开发设计适应消费需求转型升级的差异化客货服务产品。通过强化市场营销稳定大宗货物运量，推进货运产品结构调整，加快发展高铁快运、货物快运新业务，大力发展集装化运输和专业物流、特色物流，进一步提高运输物流经营能力和水平。同时，准确把握市场脉搏，以“减少无效供给，增加有效供给”为原则，优化完善客运产品组合，增强运输服务供给对消费需求结构的适应性，让人民群众在铁路企业扎实有效的改革中获得更多幸福感。

二、为旅客货主提供便利，提升人民群众获得感

以人民为中心的发展思想是要让每一个个体都能分享到发展的成果，并不断提高成果分享的公平性，最终实现共同富裕。这不仅具有合理性，而且是充分调动人民积极性、让社会财富不断涌流的必然要求。

坚持以人民为中心的价值追求，必然要求铁路企业经营要转移到“以便利为中心”的服务营销战略上来，持续改进服

务质量，提升服务水平。便利是客户价值不可或缺的一部分。顾客在购买产品时，总希望把有关成本包括货币、时间、精神和体力等降到最低限度，而同时又希望从中获得更多的实际利益，以使自己的需要得到最大限度的满足。因此，顾客在选购产品时，往往从价值与成本两个方面进行比较分析，从中选择出价值最高、成本最低，即“顾客让渡价值”最大的产品作为优先选购的对象。可以说，顾客让渡价值是市场营销活动的核心导向，最终目的是实现企业利益的最大化。顾客让渡价值导向与其他经营导向的本质区别在于：它强调通过满足顾客需求来实现企业利益的最大化；强调以顾客需求为中心展开整个企业的经营活动；强调所有营销组合策略的制定也是围绕顾客需求这个中心，使每一个因素都能成为顾客让渡价值增加的驱动因素。

随着生活节奏的加快，人们的时间越来越珍贵，体力和精力价值也越来越大，有些旅客货主甚至宁可多花钱也不愿多付出。很显然，最大程度地关注位移服务产品“消费者的易接近性”，千方百计地为旅客货主提供便利，是目前铁路企业应该认真思考解决的主要问题。须要通过改善服务和营销网络系统，竭尽全力从各个方面和环节为旅客货主提供便利，减少他们购买产品的时间、精神与体力耗费，降低货币与非货币成本。从货运营销来看，在狠抓大宗货物、集装箱、商品汽车运输上量，推进多式联运的同时，还要千方百计地降低货主在订货、上货、装卸、结算等过程中的交易成本。从客运营销来看，在信息获取、售票、进出流线、换乘等环节，要不断增强便利性和舒适性，通过放大顾客让渡价值来提升顾客满意度。

铁路企业还必须通过与其他运输方式在基础设施、运输服务的有机衔接和融合发展，更好服务旅客"零距离"换乘和货物"无缝化"衔接，更好发挥铁路骨干优势和综合交通融合效率，有力促进铁公、铁空、铁水等多式联运发展，突出做好干线运输与短驳运输及城市交通的衔接，把乘客"门到门"出行涉及的各种运输方式，包括出租车、共享单车都要尽力衔接好。与此同时，通过与互联网、物联网、人工智能等现代信息技术的深度融合，更好促进运输组织效率变革和服务更加智慧现代，创造高铁网与互联网"双网融合"美好旅途新生活。积极探索实施"一卡通"刷卡乘坐城际列车等新模式，打造智慧车站，开辟旅客"医、食、乐、购、游、住、行"一站式服务通道，满足旅客出行的个性化、便捷化需求，有效解决客运"前后一公里"的问题，让旅客出行更加便捷顺畅。通过与沿线城镇、产业、旅游、民生等现代化经济体系深度融合，更好促进铁路发展与经济社会发展良性互动、经济和社会效益相得益彰。

三、加强与旅客货主双向沟通，提升人民群众参与感

以人民为中心的发展思想始终围绕最广大人民的根本利益，立足于不同发展阶段的条件和要求，制定实施科学的发展战略和政策。实践证明，只有把实现好维护好发展好最广大人民的根本利益作为一切工作的出发点和落脚点，才能协调好社会利益关系，最大限度地解放和发展社会生产力。只有坚持以人民为中心的发展思想，才能凝聚最广泛的改革共识，把广大人民的智慧和力量汇聚到改革和发展上来，推动中国特色社会主义事业蓬勃发展。

坚持以人民为中心的价值追求，必然要求铁路企业在经营过程中要更多关注消费者权益和公众利益。美国营销专家

罗伯特·劳特朋认为，企业应通过与顾客进行积极有效的双向沟通，建立基于共同利益的新型"企业—顾客"关系。这不再是企业单向的促销和劝导顾客，而是在双方的沟通中找到能同时实现各自目标的通途。随着现代传播沟通技术的蓬勃发展，单向沟通模式的明显缺陷愈发凸显出来。在单向沟通模式中，企业与公众关系不平等、不平衡，常常利用其高高在上的优越地位与权力，采取强制方式实施传播。这不仅容易造成对公众权利的无视与损害，而且公众常常有苦难言，或干脆有苦不言，导致产生不公平、不合理以及缺乏协调的传播沟通局面。但在双向沟通模式中，企业与公众的地位是平等的，公众的权利受到更多保护，公众地位也大大提高。企业与公众只有在利益共享的基础上真实地传播信息、协调沟通，才能实现公共关系状况的良性循环。也就是说，企业必须平等地对待公众，主动、热情地对公众传播消息，以寻求公众合作；而公众则需要自觉配合企业的信息反馈和协调沟通，使自己的需要也得到充分和高质量的满足。

为加快推进铁路企业市场化转型，客货服务必须向营销的深度方向掘进，客观上需要对旅客货主多样化、差异化和个性化的需求了解更深入、细分更具体、目标更明确、定位更精准、服务更优质，达到顾客满意度更高，其前提是通过市场调查和顾客的信息反馈来收集第一手资料。

1. 构建客流调查分析和市场监测体系，全面、持续、精确地掌握铁路客运需求的数量、结构、时空分布，科学有效地监测市场变化规律。

2. 建立顾客满意追踪调查制度。铁路企业要更加重视和充分利用中国铁路客户服务中心网站（以下简称"12306 网站”和中国铁路 95306 网(以下简称“95306 网站”)等网络平台,逐步完善顾客满意追踪调查体系。

【链接】 2017 年,国家铁路局每月开展一次运输服务质量的问卷调查,全年累计投入人员 4 000 多人次,收集调查问卷 13.3 万多份,春运期间继续组织全局执法人员进站上车,倾听、了解旅客的意见和建议,针对旅客关心的服务产品、服务内容、服务项目等方面的问题,督促铁路企业不断改进运输服务质量。同时,关注服务质量的投诉,认真办理政府网站的网民投诉,妥善处理来信来函,热情接待群众来访,主动接受社会监督,积极回应社会关切,及时协调解决广大旅客关心的焦点难点问题,切实维护广大旅客的合法权益。

惠普的经验是:10 个感到非常满意的顾客中有 9 个表示他们将确定无疑或十有八九会再次登门,这种满意就转化成了利润。IBM 则每流失一个顾客,他们都会尽一切努力去了解他们是在什么做错了——是价格定得太高、服务不周到,还是产品不可靠?同样,对于那些已经停止或转向其他竞争对手的旅客、货主,铁路企业应该设法与他们接触,详细了解发生这种情况的原因到底是什么,科学倾听旅客、货主的意见和建议。由此,在汇聚广大人民智慧和力量促进铁路发展进步的同时,也让人民群众有了更多参与感。

在广泛、及时收集信息的同时,铁路企业还须改变传统的“眼睛向内”传播沟通模式,向社会公众传播企业信息,主动“讲好铁路故事,传播铁路声音”。一方面加强与中央主流媒体、重点商业网站和新媒体平台的深度合作,真实、立体、全面地向社会展示新时代铁路新形象,大力宣传铁路满足人民群众对美好生活需要的新举措、重点工程的新进展、系列复兴号研制等科技创新的新成果、深化国铁企业改革的新成就。另一方面更加自觉主动地运用市场手段来解决企业经营所面临的问题，不断拓宽经营视野，强化对外营销宣传，广泛利用各种媒体和条件积极向社会公众传播有利于企业市场化经营方面的信息。

1. 建立完善多渠道、多方式、交互式、体验式的出行信息服务系统。创新服务模式，优化服务流程，完善服务举措，着力开发基于智能手机系统的客运服务 APP 系统，为广大旅客提供出行计划提前预定、换乘信息动态发布、旅行知识便利查询、出行服务专属定制等多层次、个性化、精准化的出行服务。通过移动互联终端及时获取交通动态信息，掌上完成导航、票务和支付等客运全程“一站式”服务。

2. 充分利用车站无线 WiFi 功能，建立微信营销宣传服务平台并在明显处所公布，及时发布列车开行、车票预售期、列车正晚点等信息，解答旅客问询，为旅客提供全面、及时的乘车购票信息。

3. 充分利用站车广播、站车显示屏、电视网络、报刊杂志、12306 网站等，及时发布列车开行、车票预售期、列车正晚点、旅行注意事项等信息。

4. 加强与国内著名旅游企业、电视网站和一线传媒的战略合作，全面推介客运创新发展的新动向、新产品、新服务。

5. 定期召开客运新产品新闻发布会、深入厂矿企业学校社区开展大型宣传活动等形式，向社会各界集中宣传铁路服务地方经济、方便旅客出行的新理念、新举措、新作为，最大限度地使客运产品深入人心、家喻户晓，真正把客运产品的创造力转化为占领市场、开拓市场的竞争力和影响力。

有形展示是铁路位移服务有实体形态的部分，旅客在购买之前虽然看不到位移服务产品，却能看到站容站貌、车体、信息、车厢、卧具、服务人员等，所有这些都是看不见的位移服务的有形线索和企业对外传播的有效载体，直接影响旅客货主的购买决定和消费体验。因此，必须重视加强对有形展示的管理和利用，进一步彰显铁路位移服务各自不同的地域特色、民族特色和文化特色，放大客运品牌附加值和个性特色，不断提高铁路企业产品的美誉度，让人民群众有更多获得感。

铁路为在竞争中战胜对手，吸引更多的潜在顾客，就必须为旅客货主提供尽可能的便利，这是铁路运输企业“顾客让渡价值”最大化的具体体现。铁路运输作为现代服务业的重要组成部分，其客运及物流服务都对提高国民经济运行质量、调整经济结构、扩大内需、提高社会福利等方面都具有全局性影响。因此，着力深化运输供给侧结构性改革，满足人民群众不断增长的美好出行需求是铁路当前最主要的任务。

第三节　铁路客货营销的良好外部发展环境

市场营销环境是存在于企业营销系统外部的不可控制或难以控制的因素和力量，这些因素和力量是影响企业营销活动及其目标实现的外部条件。如同生物有机体一样，任何企业总是生存于一定的环境之中，企业的营销活动不可能脱离周围环境而孤立进行，而要以环境为依据并主动地去适应环境。同时企业又要在了解掌握环境状况及其发展趋势的基础上，通过营销努力去影响外部环境，使环境有利于增强营销活动的有效性，有利于企业的生存和发展。

【案例 3】 如家快捷酒店诞生记

经济型酒店是从欧美及日本等发达国家发展起来的一种成熟的酒店经营模式，其定位于普通消费大众，基本设施施齐全，以 B&B（住宿 bed 和早餐 breakfast）为核心产品，为客人提供有限服务（limited service）。

2001 年，携程网创始人之一的季琦留意到很多网友在携程网上抱怨预订宾馆价格偏高，本不经意的一句话却触动了季琦敏锐的商业嗅觉。经过对携程网订房数据认真分析后，季琦发现：国内豪华酒店不够经济，而经济酒店卫生设施又不合格。这一发现让季琦瞄准了酒店业的“真空”地带，萌生了在国内创建酒店业连锁品牌的想法，“如家”酒店品牌就这样诞生了。

在国内城市居民已进入大规模休闲度假、旅游消费阶段以及中小型商务客人日益增多的背景下，经济型酒店商机无限。目前中国星级酒店有 1 万多家，其中三星级以上酒店 5 000 多家，这些中高档酒店不能满足大众消费层的市场需求，而招待所又因为条件过于简陋也无法满足这部分人群的需求，这恰好给经济型酒店创造了一个巨大的成长空间。究其原因，经济型酒店的发动力来源于以下三个方面的环境变化：

1. 中国的大众旅游发展需要物美价廉的酒店住宿设施。

2. 中国日益繁荣的经济刺激了商务旅游的发展，同样产生了对经济型酒店的巨大需求。

3. 国际入境游客对经济型酒店的需求也逐步上升。

随着国内经济和旅游业的飞速发展，大众消费层对经济型酒店的需求越来越强烈，前景十分广阔。

一、人口的规模保证了铁路运输市场的潜量

人口是构成市场的第一位因素。市场是由有购买欲望同时又有支付能力的人构成的，人口的多少直接影响市场的潜在容量。简单来讲：市场＝消费人口×（购买能力＋购买欲望）。一个国家或地区的总人口数量多少，是衡量市场潜在容量的重要因素，人口增长首先意味着生活必需品的需求会不断增加。

2017年1月20日国家统计局发布数据显示，2016年末，中国大陆总人口（包括31个省、自治区、直辖市和中国人民解放军现役军人，不包括香港、澳门特别行政区和台湾省以及海外华侨人数）138 271万人，比上年末增加809万人。全年出生人口1 786万人，比上年多增131万人，人口出生率为12.95‰；人口自然增长率为5.86‰，比上年提高0.9个千分点。到2020年，我国人口将持续增加达到峰值，人口总量达到14.78亿人。人口的持续增长就意味着人们乘火车出行的需求和运输物流需求将不断增加，这为铁路运输企业的发展壮大提供了必要的市场规模和潜量。

二、居民收入稳定增长为服务消费提供了经济保障

企业市场营销活动必然受到一个国家或地区经济发展状况的制约。一般而言，市场消费需求指人们有支付能力的需求，既有消费欲望又有购买力，才能产生购买行为，对企业才具有现实意义。在研究收入对消费需求的影响时，学者们经常使用的指标是消费者收入，它是购买能力的源泉，包括城乡居民从各种来源所得到的一切货币收入。其中，城镇居民人

均可支配收入,作为反映一个地区居民收入水平和城市经济发展水平的重要指标,是了解居民生活变化水平情况的基础指标。所谓可支配收入是指从个人收入中减除缴纳税收和其他经常性转移支出后所余下的实际收入,即能够用以作为个人消费或储蓄的数额。

随着社会主义市场经济的发展壮大,我国居民收入不断提高,中国已经成为世界最大的潜在消费市场。2018 年上半年,全国居民人均可支配收入 14 063 元,同比名义增长 8.7%,扣除价格因素实际增长 6.6%。按常住地分,城镇居民人均可支配收入 19 770 元,同比名义增长 7.9%,扣除价格因素实际增长 5.8%;农村居民人均可支配收入 7 142 元,同比名义增长 8.8%,扣除价格因素实际增长 6.8%。“十三五”时期,中国经济将继续保持中高速增长,人民生活水平、服务消费水平全面提高,城市居民大规模休闲度假和旅游消费持续增长,居民乘车出行及运输物流等需求将持续得到释放,消费升级和产业结构调整也将带来客货运供给新需求,所有这些都势必极大地促进铁路运输市场的蓬勃发展。

三、城镇化为铁路发展提供了有利的社会环境

城镇化水平又叫城市化率,是衡量城市化发展程度的数量指标,一般用一定地域内城市人口占总人口比例来表示。2016 年 3 月 5 日,李克强总理在第十二届全国人民代表大会第四次会议上强调:“缩小城乡区域差距,既是调整经济结构的重点,也是释放发展潜力的关键。要深入推进以人为核心的新型城镇化,实现 1 亿左右农业转移人口和其他常住人口在城镇落户,完成约 1 亿人居住的棚户区和城中村改造,引导

约1亿人在中西部地区就近城镇化。到2020年，常住人口城镇化率达到60%、户籍人口城镇化率达到45%。”截至2017年末，我国城镇常住人口81 347万人，比上年末增加2 049万人；城镇人口占总人口比重(城镇化率)为58.52%，比上年末提高1.17%。根据联合国的估测，到2050年世界发达国家的城市化率在年将达到86%，我国的城市化率将达到72.9%。新型城镇化的加速推进，势必带来我国城乡人口及物流的加速流动，必将大大拉动和提升我国城际铁路客运消费需求和货运消费需求，为铁路运输企业的转型发展提供了有利的社会环境基础。

四、绿色发展为铁路发挥优势提供了重要历史契机

绿色发展是以效率、和谐、持续为目标的经济增长和社会发展方式。当今世界，绿色发展已经成为一个重要趋势，许多国家都把发展绿色产业作为推动经济结构调整的重要举措，突出绿色的理念和内涵。十八届五中全会强调：实现“十三五”时期发展目标，破解发展难题，厚植发展优势，必须牢固树立并切实贯彻创新、协调、绿色、开放、共享的发展理念。坚持绿色发展，必须坚持节约资源和保护环境的基本国策，坚持可持续发展，坚定走生产发展、生活富裕、生态良好的文明发展道路，加快建设资源节约型、环境友好型社会，形成人与自然和谐发展现代化建设新格局，推进美丽中国建设，为全球生态安全作出新贡献。

面对资源约束、环境污染、生态退化等严峻形势，大容量公共交通将得到更快发展，承担绿色交通新使命的铁路在综合运输体系中将发挥越来越重要的骨干作用，铁路在客货运

市场中的份额也将持续增长。和其他交通运输方式相比，铁路在土地占用、能源消耗、环境保护、运营成本、运输安全和输送能力等多方面具有独特的比较优势。在高新技术的推动下，高铁技术与货运重载技术快速发展，铁路自身所具有的节能、环保、快捷、安全的比较优势更加凸显。据测算，CRH380A 型高速动车组每人百公里能耗为 5.2 度电，仅为飞机的 18%和大客车的 50%左右；与四车道高速公路相比，高铁占地仅为其 50%，完成单位运输量占地仅为其 10%；高铁使用电力驱动，运行过程中二氧化碳等排放水平仅是飞机的 6%、汽车的 11%。中国铁路(含高铁)每年完成的客货运输换算周转量占全社会完成量的 25%左右，能源消耗仅占交通运输业总耗能的 6%，特别是高铁的开行极大地节约了社会时间成本，带来了巨大社会时间效益。

绿水青山就是金山银山。“十三五”期间，我国坚持绿色发展，进一步加大生态环境保护力度，提高资源利用效率，单位国内生产总值能耗将进一步降低，单位国内生产总值建设用地使用面积将下降 20%，全国污染物排放总量将下降 10%以上。2018 年全国环境保护工作会议提出，推动大宗物流由公路运输转向铁路运输，即“公转铁”，在打赢蓝天保卫战上取得突破性新进展。国家环境保护城市大气复合污染成因与防治重点实验室一项研究显示，目前，京津冀、长三角和珠三角公路货运量分别占到了货运总量的 84.5%、60.6%和 76.0%，以柴油为主的公路运输仍在交通运输体系中占据主导地位。其他运输方式中，京津冀的铁路运输能力增长较快，2015 年货运量和货物周转量占比分别为 10.1%和 27.7%。京津冀以其密集的铁路网逐步将货运由公路转向铁路，运输方式更加趋于合理。按照生态环境部的要求，2019年底前，京津冀及周边、长三角地区沿海港口的矿石、钢铁、焦炭等大宗货物全部改由铁路运输，禁止汽运集疏港。据测算，“公转铁”将带来2亿吨的铁路运输增量。这些宏观环境和政策导向，为铁路运输发继续挥绿色低碳、节能环保等自身优势提供了前所未有的历史机遇和发展空间。

五、服务型消费增长为铁路拓展市场提供了巨大空间

我国正在经历消费结构升的转型升级，城乡居民的物质型消费需求基本得到满足，服务型消费需求在不断增长。这场消费革命及其蕴含的巨大消费潜力，不仅成为经济增长的突出优势，而且是我国经济转型升级的强大动力。2018年上半年，全国居民人均消费支出9 609元，比上年同期名义增长8.8%，扣除价格因素，实际增长6.7%。初步估计到2020年我国消费市场规模将达到40万～50万亿元，国内市场规模位居世界前列。14亿人口消费大市场的初步形成，不仅成为我国国内生产总值（Gross Domestic Product，以下简称“GDP”）保持6%～7%增长的突出优势，而且成为我国经济转型升级的重要推动力。与过去消费结构相比，我国城乡居民消费结构正在由生存型消费向发展型消费升级、由物质型消费向服务型消费升级、由传统消费向新型消费升级，并且这一升级的趋势越来越明显，速度越来越快。其中，服务型消费需求增长加快。统计分析表明，2005—2010年我国城镇居民人均服务型消费支出从3 116元提高到5 260元，年均增长11.04%，近些年来，服务型消费支出比重更是保持在40%左右的高位。

服务型消费增长为铁路运输企业进一步拓展市场提供了巨大空间。以旅游运输为例，铁路客运与旅游市场间互为依存，相互影响。一方面，铁路是旅游业发展的重要基础设施，是奠定旅游业健康快速发展的基础；另一方面，旅游业发展又为铁路运输业带来了旺盛的旅游客流，反过来又激励铁路企业更好地服务旅游业发展。随着高铁的开通，两地间的空间距离、人们旅游的时间成本都被极大地压缩，广大居民的周末及节假日时间也获得了更自由的支配。同时，全国各地的单个景区通过高铁线路被连缀成片，网络集成效应越来越明显，增加了旅游景点的吸引力。许多城市之间形成“周末旅游圈”“一日旅游圈”和“跨省游”也因为高铁变为了“周边游”。例如，兰新高铁开通后，兰州到嘉峪关运行时间仅需要 4 小时 29 分钟，比之前节省 6 个多小时。兰州人去青海门源赏油菜花，去嘉峪关、酒泉赏河西走廊文化，都变得非常方便。同样，贵广高铁开通运行后，将广州到贵阳的最快时间由 20 多个小时压缩为 4 小时 17 分钟，让珠三角地区的人们能够利用周末或节假日到贵阳周围旅游。2015 年上半年贵州省就待游客 1.84 亿人次，旅游总收入 1 588.24 亿元，分别增长 18.02% 和 21.49%，这与贵广高铁、沪昆高铁部分区段的开通有着密切的关系。贵州省旅游接待人数的增加，是全国各地高铁开通地区旅游业获得发展的一个缩影。“十三五”期间，在全国旅游客流快速增长的基础上，高速铁路和城际铁路的建成将为铁路拓展旅游市场提供坚实的基础条件，铁路旅游客流量将持续较快增长。预计到 2020 年我国国内旅游人数将达到 60 亿人次以上，未来十年，中国旅游业将保持年均 10.4% 的增长速度，将给铁路运输企业带来持续不断的客流。

六、高铁在我国多种交通方式中的作用越来越凸出

我国主要有铁路、公路、水运、航空和管道五种交通运输方式，旅客运输主要以铁路、公路、水运、航空为主。随着铁路建设步伐的加快和投资规模扩大，我国铁路运输能力和运营管理水平有了较大提高，运输组织和运输效率也有了质的飞越。特别是伴随高铁大规模成网运营，铁路在综合运输体系中骨干作用的强度由之前的削弱再次转向增强，成为干线和城际通道交通运输的主导方式，承担的通道运输量比重也由下降转为较快上升。

经过多年改革发展，多节点、网格状、全覆盖的综合交通运输网络已经初步形成，“五纵五横”综合运输大通道基本贯通。2017 年 2 月 4 日，国务院印发的《全国国土规划纲要(2016—2030 年)》提出，到 2030 年，全国铁路网运营里程将达到 20 万公里左右，其中高铁 4.5 万公里左右，全国铁路网将连接起 20 万人口以上的城市，高铁路网基本连接起省会城市和其他 50 万人口以上大中城市，实现相邻大中城市之间 1～4 小时交通圈。

铁路不仅是中长途客运的主力，在区域经济相对发达的地区，铁路还是城市间中短途客运的主力。随着城际铁路大规模建设及投入使用，铁路成为了城市群区域出行的骨干，以中短途出行为主的城际客流的大幅度增长，将是“十三五”期间铁路客运量增长、客运市场扩大的最大亮点。以京沪高铁为例，按 2013 年的运量估算，京沪高铁以全路 1.3%的里程，承担了全路 3.4%的客运发送量和 4.3%的客运周转量，它的开通为既有京沪线释放出了约 43 对货物列车的运输能力，有

效缓解了京沪铁路通道运输、运量紧张的矛盾。而截至2016年6月30日，京沪高铁开通运营已满五周年，累计运送旅客突破4.5亿人次。京沪高铁科技创新成果丰富，安全运营品质优良，旅客运量快速增长，社会效益显著，实现了让旅客“安全出行、方便出行、温馨出行”的目标。

高铁不仅具有安全快捷的特点，旅客旅行时间比普速铁路普遍缩短一半以上，而且保持很高的正点率，2015年全国铁路动车组始发正点率达98.8%，终到正点率达95.4%。近年来，随着高铁服务覆盖区域不断扩展，动车组列车在中国铁路开行的全部旅客列车中的占比达到63%，高铁已经成为中国人出行的主要方式，成为“中国创造”“中国制造”和“走出去”的靓丽名片。

总之，各种有利的外部环境因素将进一步促进铁路运输市场的发展和繁荣，都必将给铁路发展带来难得的历史机遇和重大变革。高铁成网、运输能力释放以及市场化改革激发出的企业活力更是给铁路企业拓展客货市场带来前所未有的内生动力和后劲。

第四节　铁路是我国现代服务业的重要组成部分

现代服务业是现代产业体系的重要内容，发达的服务业更是推进结构转型升级、为经济中高速增长提供动力和支撑的重要保障。铁路作为服务业的重要组成部分、关键基础设施和重大民生工程，是综合交通运输体系的骨干和主要交通方式之一，在我国经济社会发展中的地位和作用至关重要。伴随铁路路网规模与密度的不断加大，铁路装备水平的不断提升，高铁营业里程将达到3万公里，覆盖80%以上的大城市。届时铁路将以其“快速、大运量、环保、通达性强、中低价位、高密度、高正点率、舒适、全天候”等技术经济优势，为铁路客货运市场的拓展提供更加强大基础。除此之外，铁路运输企业服务水平的不断提升还将带来大量诱增客流和转移客流，特别是中短、中长优势距离的客运市场将得到快速增长，铁路企业在我国运输市场上的地位会越来越重要。

【案例4】 体验营销：星巴克咖啡与文化

星巴克的成功首先源自十分挑剔地选择咖啡豆，参照的标准从品种到产地再到颗粒的形状等，五花八门。接着，被选中的咖啡豆以风险极高的“星巴克烘焙法”加工成艺术品或者文化的一部分；然后，再把这种文化连同咖啡一起卖给顾客。星巴克是浓缩咖啡，为了保证品质，通常要求机器高压、高温，18～24秒冲出一杯咖啡，10秒内送到顾客手上，如果达不到这个标准，咖啡就要被倒掉。

星巴克提供“咖啡教室”服务，把“挂咖啡卖文化”的营销发挥到了极致。如果三四个人一起去喝咖啡，星巴克就会为这几个人配备一名咖啡师傅，及时向他们讲解咖啡知识并推荐合适的品种。顾客只要对咖啡豆的选择、冲泡、烘焙等方面有任何问题，咖啡师傅都会耐心细致地讲解，帮助顾客在找到最适合自己口味咖啡的同时，体味到星巴克所宣扬的咖啡文化。

1996年，星巴克以“对不同地域文化的适应”为出发点，开始拓展北美以外的新天地。首先星巴克成功打入亚洲市场。为迎合亚洲人的口味，星巴克推出了绿茶口味的咖啡，夏天气温很高，不适合喝热咖啡，星巴克就推出冰咖啡。星巴克在日本登陆之前，日本已经有了几家大型的连锁咖啡店，这些日式咖啡店里大多光线昏暗，烟雾缭绕，主要供那些上年纪的顾客在下午消闲。咨询公司曾告诫星巴克：如果坚持禁止在室内吸烟就会导致在日本经营的失败！而且日本人没有在路上边吃边走的习惯，外带咖啡与日本的传统格格不入。但是，星巴克在日本仍然坚持了自己的咖啡文化并且获得了成功。不但咖啡好、服务佳，而且星巴克店内装饰优雅大方，不卖酒精饮料，禁止客人吞云吐雾，很多因讨厌烟味而止步于日式咖啡店门外的日本女性，却成为星巴克的座上宾和忠实顾客。此外，方便卫生的外带咖啡也受到了消费者的欢迎，日本成为星巴克海外最成功的市场。

1999 年，星巴克在中国开设了第一家咖啡店——坐落于上海淮海中路力宝大厦，当时顾客很少。短短的两年之内，星巴克就从一个明星聚集的咖啡店发展成为一个大众咖啡店。几乎同时，星巴克开始了北京之旅：2001 年开店 16 家，2002 年达到 29 家，面积从 17～450 平方米不等，每天卖掉超过 1 万杯咖啡。在今天的中国，星巴克已演变成一种时尚的生活方式。著名作家陈染在聊及某些青年作家创作时说："他们把进酒吧、喝星巴克咖啡、逛宜家家居、阅读时尚杂志作为某种生活的标志以及创作都市题材的仅有内容。"

有人总结说：星巴克吸引中国消费者的一个重要因素是它中西结合的氛围和文化。品位独特的人文环境——清雅的音乐、悦目的图画、中式家具和考究的西式吧台、咖啡制作和饮用器具以及悠闲的氛围，既透着浓浓的中国传统文化，又保持着原汁原味的美式风情，二者并行不悖。

一、服务业在国民经济中的地位日益凸显

随着知识经济时代的到来,服务业在各国尤其在发达国家的经济地位日益重要。服务业行业广泛,包括交通运输业、通信业、商业、餐饮业、金融保险业、家庭服务等非物质生产部门。世界银行《世界发展指数2008》表明:2006年全球服务业增加值占全球GDP的比重已达69%。其中,高收入国家、中等收入国家和低收入国家的这一数据分别为72%、53%和45%。2005年,美国服务业就业人口已占总就业人口的78.8%;英国、法国、丹麦和加拿大的服务业就业人数占全国就业人数的比重分别为79.8%、72.3%、74.9%和74.3%,由此引发了各国学者对服务营销的广泛关注和研究。

据国家发改委官方网站上发布的数据,2010年我国服务业增加值占国内生产总值的比重是43.0%。该数据既表明中国服务业发展的滞后,也预示了中国服务业的巨大发展空间。近年来伴随国内经济转型升级的态势,国家频频出台各项涉及服务业的产业规划,快速推动着我国服务业的发展。2012年是我国服务业的重要拐点,这一年服务业在GDP的占比第一次超过了第二产业,之后服务业在GDP的份额不断提升,甚至有些年份还加速提升,与第二产业的差距越拉越大。2015年,我国服务业的占比达到了50.5%,名副其实占据了半壁江山。同时,服务业的增长速度也明显高于第二产业和GDP的增长速度。这一年,第二产业的增加值是27.4万亿人民币,增速只有6.0%,而第三产业的增加值34.2万亿元,增速达到了8.3%,国内生产总值是67.67万亿元,增速是6.9%。从这一组数据的对比来看,服务业的增速是最

快的。

《中共中央关于制定国民经济和社会发展的第十三个五年规划建议稿》对现代服务业的发展问题非常重视，第一次提出“加快发展现代服务业行动”，还提出要放宽我国服务市场准入，以促进服务业优质高效发展。

铁路运输作为现代服务业的重要组成部分，其客货运服务对提高国民经济运行质量、优化经济流程、调整经济结构、扩大内需、提高社会福利等都具有全局性影响。铁路运输企业通过创造位移这种特殊使用价值的劳动，来提供满足人们生活需要的社会服务产品，除了要靠国家政策的扶持和鼓励外，关键还要依靠服务营销对位移服务消费的有效推动。

二、准确把握服务的基本内涵

企业为其客户提供的许多活动中都涉及服务，如入住酒店、在餐厅吃饭、接受心理咨询、乘飞机或火车回家、到医院体检、去银行存钱或取钱、送修计算机等，都是现代服务。这些服务活动不能像实体产品那样被人们实实在在地拥有或触摸，但却可以明确地被人们感觉到、体验到，能够满足人们的需求。服务无时不在、无处不在，人们要么是在为他人提供服务，要么是在接受他人的服务。

市场营销学界对服务概念的研究大致从20世纪五六十年代开始。1960年，美国市场营销协会最先将服务定义为“用于出售或者是同产品连在一起进行出售的活动、利益或满足感”。美国市场营销学家菲利普·科特勒认为，服务是一方能够向另一方提供的基本上是无形的任何活动或利益，它的生产可能与某种产品联系在一起，也可能毫无关系。

1. 服务是通过服务活动为顾客创造价值的过程

服务企业满足顾客需求，向顾客提供利益或是为顾客提供问题的解决方案，主要是通过一系列活动来完成的。服务中用到的有形物品，通常作为服务设施与工具，用来帮助服务人员有效完成服务活动。

2. 服务是一种互动的活动过程

无论是医疗服务、维修服务、影视服务、银行服务、还是位移服务，尽管服务所作用的对象和服务的行为方式有着明显区别，但有一点是共同的：那就是任何一项服务都要由服务人员借助于一定的服务设施和服务工具，通过一系列活动来完成的过程。在这个活动过程中，从服务需求的提出、确认到服务的完成，通常都需要顾客的参与，从而发生顾客与服务人员、服务环境、服务设施、工具以及与其他顾客之间的互动。

3. 服务交易通常不发生所有权转移

在大多数情况下，服务交易完成后，顾客并不从服务企业带走任何有形物品。同样的服务设施、服务工具、服务人员和服务过程，可以继续为下一位顾客提供同样的服务。虽然顾客在购买有些服务时获得了某些有形物品的所有权，比如机票、疾病诊断报告书等，但顾客消费通常都不是为了获得这些物品本身。因此，可以简要地把服务定义为：服务是借助于服务设施与工具，为顾客创造价值的互动活动过程。在针对人的具体服务中，顾客通常需要亲临现场并参与到服务过程中，从而与服务设施和服务人员都有较多的直接接触。

三、服务产品的主要特点

1. 无形性

无形性服务区别于有形产品最显著的特征。服务的无形性又被称为服务的抽象性和不可触知性。这意味着服务本质上不能像有形产品那样，在购买或消费之前就能被看到、尝到、听到、嗅到或感觉得到，因而消费者事先很难对服务的结果和过程作出判断。例如，购买铁路旅行服务的乘客，得到的是被铁路运输企业安全、按时送达目的地的承诺和服务。旅客为减少不确定性，需要寻求服务质量的标志或证据，通过他们看到的地点、人员、设备、传播资料和价格做出对位移服务质量的判断。因此，生产和提供服务产品的企业就要想方设法地“变无形为有形”。例如，某家银行定位为快速服务银行，就必须将其抽象概念加以“有形化”：在地点方面，有形且足够的柜台、环境都在暗示快速和有效的服务；在人员方面，表现出银行工作人员是忙碌的，并且还要有能显示出效率和速度的设备，如计算机、传真机、办公桌等。

2. 不可分割性

不可分割指服务的生产过程通常和消费过程在时间和空间上是同步的。例如，在电信服务中，用户接通电话，电信运营商开始服务，同时用户开始利用电话进行沟通交流，但当用户挂断电话，服务和消费同时终止。服务的不可分割性意味着：

(1)服务的生产和消费过程通常要求顾客和服务员工同时在场，从而发生彼此间面对面的接触。

(2)顾客通常必须参与到服务生产的过程中，从而服务质量既会受到服务设施、服务工具及服务人员的服务态度和服务能力等方面的影响，也受到顾客本身的影响。

(3)出现在服务现场的其他顾客和人员对服务的生产和消费也具有重要的影响。例如，每一位接受教育服务的学生，通常都要参与到由任课教师组织的课堂教学活动过程中，从而与教师和其他同学发生面对面的接触。同时，教学效果不仅取决于教学设施以及任课教师的知识水平和教学方法，也取决于学生的课堂投入和对教学过程的参与度，并同时受到课堂中其他同学表现的影响。

3. 差异性

差异性也被称为服务的可变性，是指服务的过程质量和结果质量具有易变和不稳定的特性。由于服务是由人提供的，因而由谁来提供，何时、何地提供都具有很大差异。由于人的素质与技能不同，同一服务，由数人操作，服务质量难以完全相同；即使是同一个人提供同样的服务，但因时间、地点、环境与服务人员心态的不同，服务效果都会不一样。具体来说，可能造成服务差异性的因素主要体现在以下方面：

(1)服务人员的服务技能、努力程度以及在为顾客提供服务过程中的心理状态等的差别和变化会造成服务质量的差异。例如，同一所大学的同一门课程，不同教师的教学效果的差异，就必然受到教师的学识水平、授课技巧、敬业程度等的影响。

(2)顾客的知识水平、兴趣爱好、沟通交流能力等的不同，导致顾客需求的差异及在准确表达其需求方面的差异，并由此导致服务质量的变化。例如，理发服务的质量就不仅取决于理发师的服务态度和服务能力等，也取决于顾客对于自身气质、职业形象要求、头型等方面的认知，以及向理发师准确表达自己的发型需求的能力。

(3)服务的时间和地点的变化导致服务质量的差异。时间是变化的最主要原因，即使同一家服务企业的同一位服务人员向同一位顾客提供同一种服务，这一次服务和下一次服务之间也可能会出现差异。

因此，提供服务的企业必须对服务质量进行控制，诸如对服务人员严格的挑选和培训、将服务实施过程尽量标准化、通过用户建议和投诉系统及用户追踪调查等手段不断改进服务质量等。

4. 不可储存性

服务的不可储存性也被称为服务的易逝性，是指服务不能被储存、转售或退回的特性。服务的无形性决定了服务在生产前及消费后都不能储存。因此，服务不能被及时购买和消费就会给企业造成损失和浪费。如旅馆中的空房间，汽车、火车及飞机上的空座位等。服务的不可储存性，意味着提供服务的企业需要有效平衡服务供给与服务需求之间经常出现的矛盾，否则，就很可能会出现在需求高峰峰期无法满足顾客的服务需求，或者服务质量不可避免地降低；而在服务需求的非高峰期则出现服务能力不能充分利用，从而导致企业资源的种种浪费。根据这一特点，企业服务营销中的定价策略必须有较大的灵活性。如火车票的季节性折扣价，餐厅的午市半价等。同时，服务质量因其难以标准化，在区别一项服务和另一项服务时，价格是一种重要的识别方式，顾客往往从价格差异来感受服务质量的差异，因此，服务定价又要十分谨慎。

服务的这些特点决定了服务市场营销同产品市场营销有

着本质的不同。

四、服务营销同产品营销的主要区别

1. 产品特点不同。如果说有形产品是一个物体或一样东西,服务就表现为一种行为、绩效或努力。

2. 顾客对生产过程的参与。由于顾客直接参与生产过程,如何管理顾客期望就成为服务营销的一个重要内容。

3. 人是产品的一部分。服务的过程是顾客同服务提供者广泛接触的过程,服务绩效的好坏不仅取决于服务提供者的素质,也与顾客的行为密切相关。

4. 质量难于控制。由于人是服务的一部分,服务的质量很难像有形产品那样用统一的质量标准来衡量,因而其缺点和不足也就不易被发现并加以改进。

5. 产品无法储存。服务的无形性以及生产与消费的同时进行,使得服务具有不可储存的特性。

6. 时间因素的重要性。在服务市场上,既然服务生产和消费过程是由顾客同服务提供者面对面进行的,服务的供应就必须及时、快捷,以缩短顾客等候服务的时间。

7. 分销渠道不同。服务企业不像生产企业那样通过物流渠道把产品从工厂配送到顾客手中,而是要借助互联网、电话等平台渠道,把生产、销售和消费的地点连接在一起来提供服务。

第五节　顾客满意是铁路客货营销的根本

企业必须十分重视提高顾客的满意程度,争取更多满意的顾客，建立起高度的顾客忠诚。必然要求企业提高顾客的认知价值，通过全面质量管理和价值链管理，建立起系统的“顾客满意第一”的良性机制，努力使自己成为真正面向市场的有竞争力的企业。

【案例5】 乔·吉拉德的250定律

美国人乔·吉拉德曾经连续15年成为世界上售出新汽车最多的人，他因售出13 000多辆汽车创造了商品销售最高纪录而被载入吉尼斯大全。他的推销秘诀之一是“250定律”——不得罪任一个顾客。他认为在每位顾客的背后都大约有250个人，例如同事、邻居、亲戚、朋友等，都是与他关系比较亲近的人。如果一个推销员在年初见到了50个人，其中只要有1个顾客对他服务感到不愉快，到了年底，由于连锁影响就可能有250个人不愿意和这位推销员打交道，这就是乔·吉拉德的250定律。因此乔·吉拉德得出结论：在任何情况下都不要得罪顾客，哪怕是一个！在乔·吉拉德的推销生涯中，他每天都将250定律牢记在心，抱定生意至上的态度，时刻控制着自己的情绪，不因顾客刁难或是不喜欢对方，或是自己心绪不佳等原因而怠慢顾客。乔·吉拉德经常提醒自己：“只要赶走1个顾客，就等于赶走了潜在的250个顾客。”

一、顾客满意

顾客满意，是指顾客对产品满足其需要的绩效与期望进行比较后所形成的感觉状态。顾客是否满意取决于其购买后实际感受到的绩效与期望（顾客认为应当达到的绩效）的差异：若绩效小于期望，顾客会不满意；若绩效与期望相当，顾客会满意；若绩效大于期望，顾客会十分满意。

1. 顾客满意的好处

(1)较长期地忠诚于企业。

(2)购买企业更多的新产品并提高购买产品的等级。

(3)愿意为企业和产品说好话。

(4)忽视竞争对手的品牌和广告,对价格不敏感。

(5)愿意向企业提出有关产品或服务建议。

(6)由于交易惯例化而相比新顾客服务成本更低。

综合多种因素分析,我国铁路运输市场已经进入顾客满意度敏感时期。尽管铁路客运和货运在一定时段、一定地区依然存在供给短缺瓶颈,但就总体而言,铁路运输服务追求高顾客满意度的时代已经到来。没有顾客满意观念,铁路运输经营中就没有让顾客满意的行动;没有让顾客满意行动就不会有顾客满意的结果,铁路企业也就很难获得忠诚的顾客。因此,旅客货主满意就是铁路人的奋斗目标,就是人民铁路为人民在营销实践中的生动体现。

2. 顾客满意度的追踪调查和衡量

(1)投诉和建议制度。一个以顾客为中心的企业应该为顾客投诉和提建议提供方便,例如,许多饭店和旅馆都备有不同的表格,请客人诉说他们各自的喜好和不满。

(2)顾客满意调查。敏感的企业都会通过定期调查,直接测定顾客满意状况。他们在现有的顾客中随机抽取样本,向其发送问卷或打电话询问,以了解顾客对企业各方面的印象。

(3)分析流失顾客。对于那些已经停止或转向其他竞争对手的顾客,企业应该与他们想办法接触一下,了解发生这种情况的原因到底是什么。

3. 顾客满意度与服务质量

服务质量是服务效用及其对顾客需要满足程度的综合表现。服务质量同顾客感受的关系很大，它取决于顾客对服务的预期质量同其实际感受的服务水平或体验质量的对比。

为了便于分析服务质量问题，西方营销学者系统地提出了一种服务质量差距分析模式，又称五差距(5GAP)模型(图1-1)，是由美国三位营销学家——帕拉所罗门、赞瑟姆、贝瑞在20世纪80年代中期到90年代初提出的。该模型专门用来分析服务质量产生的问题及其根源，帮助管理者分析、了解并改进服务质量。作为有效管理工具，服务质量差距分析模型为铁路企业改进服务质量提供了理论支持和帮助。

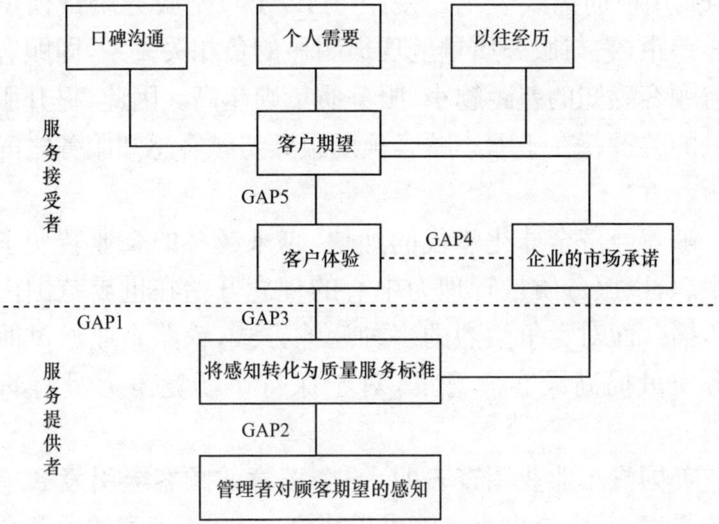

图1-1 服务质量五差距模型

如图1-1所示，模型上半部分的关联者是顾客，下半部分的关联者是服务提供者。图中的五个差距分别是指：

差距1(GAP1):管理层(服务提供者)对顾客(服务接受者)服务预期的感知差距,用长虚线表示。

差距2(GAP2):管理者把对顾客预期感知转化为企业实际服务质量标准差距。

差距3(GAP3):企业服务质量标准运用与客户实际体验,即服务传递中的差距。

差距4(GAP4):服务传递,即客户实际体验与企业对外沟通中所做的种种承诺之间的差距。

差距5(GAP5):顾客预期服务和顾客实际感知到的服务之间的差距。

其中,GAP2、GAP3、GAP5用纵向实线表示,而GAP1、GAP4用横向虚线表示。差距5(GAP5)是服务质量模型的核心差距,它与服务质量呈现很明显的负相关关系,即顾客期望与顾客感知的差距越小,服务质量则越高。因此,提升服务质量的关键就在于缩小顾客预期服务与顾客感知服务之间的差距。

随着经济全球化步伐的加快,越来越多的企业转变了经营观念,以服务质量管理为中心的理念开始在世界范围内广泛传播。面对竞争激烈的多种运输方式,铁路企业通过改进服务质量提高顾客满意度,对于保持市场竞争力具有重要意义。

美国汽车业业调查表明,一个满意的顾客会引发8笔潜在的买卖,其中至少有一笔可以成交;一个不满意的顾客会影响25个人的购买意愿;争取一位新顾客所花的成本是一位老顾客的所花费的6倍,而失去一位老顾客的损失只有争取10位新客户才能弥补。调查还表明,每个企业每年留住5%的顾客，在5年内其利润将提高25%，甚至更高。

2018年春运结束后，由交通运输部、国家发改委、国家铁路局、中国民用航空局等部门委托国家ITS中心作为第三方机构开展了“邀您共同话春运”春运服务体验调查。通过调查大数据可以看到，74.8%的旅客对今年春运服务表示满意或认为较往年有所改善，对火车站工作人员服务满意度高达94%，这既是对铁路春运工作的肯定，同时也为落实“客运提质计划”指明了补齐短板的突破口——提升顾客满意度。

二、顾客认知价值越高顾客越满意

市场营销学的一般常识告诉我们：要真正实现顾客满意，需要从多方面开展工作，因为顾客并不只是死盯价格，顾客真正看重的是认知价值。顾客认知价值是指顾客总价值与顾客总成本之间的差额，即：顾客认知价值＝顾客总价值－顾客总成本。这一概念最早是由菲利普·科特勒在《营销管理》中提出来的。

顾客认知价值是企业传递给顾客且能让顾客感受到的价值。这里的顾客购买总价值是指顾客期望从某一产品、服务获得的一系列利益的可感知的价值；顾客购买总成本是指是指顾客为购买某一产品所耗费的时间、精力以及所支付的金钱等成本之和。顾客认知价值强调通过满足顾客需求来实现企业利益的最大化，而满足顾客需求的最佳办法是：向顾客提供高顾客认知价值。对顾客认知价值的考察，必须从顾客角度出发，因为虽然企业为顾客所带来的潜在利益带有一定的客观性，但这种具有一定客观性潜在利益的实现程度却取决于顾客的评价。顾客在购买产品时，总是希望有较高的顾客购买总价值和较低的顾客购买总成本，以便获得更多的顾客感知价值，使自己的需要得到最大限度的满足。因此，顾客在作出购买决策时，往往从价值与成本两个方面进行比较分析，从中选择出那些期望价值最高、购买成本最低，即顾客感知价值最大的产品作为优先选购的对象。

随着公司制的建立，铁路运输企业迫切需要深化运输供给侧结构性改革，全面提高客货产品供给质量和供给效率，吸引并留住更多顾客，提高市场份额和市场竞争力。为此，就必须向顾客提供比竞争对手具有更高顾客感知价值的产品，获得更高的顾客满意度。一是通过改进产品和服务、塑造企业形象、提高人员素质，以提高客货产品总价值；二是通过改善服务与促销网络系统，减少旅客货主购买产品的时间、精神与体力的耗费，降低货币与非货币成本，从而在优化客货运输产品结构、做强客货运输核心业务等方面下功夫见实效。

1. 顾客购买总价值

顾客总价值是指顾客购买某一产品与服务所期望获得的一组利益，它包括产品值、服务价值、人员价值和形象价值等，其中每一项价值的变化均对总价值产生影响。

(1)产品价值。产品价值是由产品质量、功能、特性、品质、品种、规格、式样等因素所产生的价值。产品价值是顾客需求的核心内容之一，是顾客“掏腰包”的主要动力因素，也是顾客在购买商品或服务时，选择或不选择某家企业所考虑的首要因素。一般情况下，产品价值是决定顾客购买总价值大小的关键因素。产品价值是由顾客需要来决定的，在分析产品价值时应注意，即使在经济发展的同一时期，不同类型的顾客对产品价值也会有不同的要求，其购买行为会显示出极强的个性特点和明显的需求差异性。因此，企业必须认真分析不同发展时期顾客需求的共同特点以及同一时期不同类型顾客需求的个性特征，并据此开发与设计产品，有效增强产品的市场适应性。

铁路企业的产品是旅客和货物的位移服务，能够提供这种位移产品的除了铁路企业外，还有公路、民航、水运等，哪个企业为旅客和货主提供的位移服务产品价值更高，更能满足消费者的需求差异性，必然决定了谁有更强的市场竞争优势。

(2)服务价值。服务价值是指伴随产品实体的出售，企业向顾客提供的各种附加服务，包括产品介绍、送货、安装、调试、维修、技术培训、产品保证等所产生的价值。服务价值是构成顾客购买总价值的重要因素。在现代市场营销实践中，随着消费者收入水平的提高和消费观念的变化，消费者在选购产品时，不仅注意产品本身价值的高低，而且更加重视产品附加价值的大小。特别是在同类产品质量与性质大体相同或类似的情况下，企业向顾客提供的附加服务越完备，产品的附加价值越大，顾客从中获得的实际利益就越大，从而购买的总价值越大；反之，则越小。因此，在提供优质产品的同时，向消费者提供完善的服务，已成为现代企业市场竞争的新焦点。

铁路企业向旅客和货主提供的基本效用就是位移，能为他们提供满意服务所产生的价值就是服务价值，而提供这种核心服务的能力与质量，就成为铁路能否赢得竞争优势的关键环节。

(3)人员价值。人员价值是指企业职工的经营思想、知识水平、业务能力、工作效率与质量、经营作风以及应变能力等所产生的价值。一个综合素质较高又具有顾客导向经营思想的工作人员，会比知识水平低、业务能力差、经营思想不端正的工作人员为顾客创造更高的价值，培养更多满意的顾客。因此，高度重视企业内部营销，确保管理层、职工都有正确的营销理念，加强对员工日常工作的激励、监督与管理，使整个团队始终保持较高的工作质量与水平就显得至关重要。只有企业所有部门和职工协调一致地设计和实施有竞争优势的价值让渡系统，营销才会变得卓有成效。因此，企业的全体职工是否在经营观念、质量意识、行为取向等方面形成共同信念和准则，是否具有良好的文化素质和专业知识，决定着企业为顾客提供的产品与服务的质量，从而决定顾客购买总价值的大小。由此可见，人员价值对企业进而对顾客的影响作用是巨大的，尤其是服务行业。

为了保持较高的人员价值水平，铁路企业必须通过日常管理和教育反复向职工强调，给顾客提供劣质服务时，至少有以下几个坏处：

①冒犯了顾客。劣质服务与顾客需求相违背，会导致顾客强烈不满，这种不满构成一种挫折情绪，将在一定程度上影响顾客生活的愉悦水平。

②损害了企业的利益。劣质服务的直接结果是对企业利益的损害。

③损害了个人利益。劣质服务对职工的直接影响是劳动报酬会降低，就连修养水平、文明水平也随之下降。

铁路企业能否在共同的价值观念基础上建立起规范的职工行为准则，最终决定着为旅客货主提供的服务产品质量，决定着顾客购买总价值的大小。只有“前店”和“后厂”都能成功设计和实施卓越的、具有竞争性的价值让渡系统，铁路企业经济效益才有可能获得提升。

(4)形象价值。形象价值是指企业及其产品在社会公众中形成的总体形象所产生的价值。形象价值是企业各种内在要素质量的反映，任何一个内在要素的质量不佳都会使企业的整体形象遭受损害，进而影响社会公众对企业的评价。它包括企业的产品、技术、质量、包装、商标、工作场所等所构成的有形形象所产生的价值，也包括企业职工的职业道德行为、服务态度、作风以及企业的价值观念、管理哲学等理念形象所产生的价值。良好的形象价值带给顾客精神上和心理上的满足感、信任感，使顾客高层次需要获得满足，从而增加顾客购买总价值。所以形象价值是产品附加值的部分，是企业“含金量”和形象力的表征。

铁路企业的形象价值与产品价值、服务价值、人员价值密切相关，在很大程度上是上述三方面价值综合作用的反映和结果。其中，服务形象、硬件形象和安全形象是铁路形象的三大支柱。高度重视自身形象的塑造是铁路企业法治化市场化经营中必须持之以恒做好的工作。

2. 顾客购买总成本

顾客获得更高顾客认知价值的另一途径，是降低顾客购买总成本。顾客总成本是指顾客为购买某一产品所耗费的时间、精神、体力以及所支付的货币资金等。一般情况下，顾客购买产品时首先要考虑币成本的高低，因而货币成本是构成整体顾客成本的主要和基本因素。同时，顾客还要考虑为购买所花费的时间、精神、体力支出。这里我们主要关注后面几种成本。

(1)时间成本。时间成本包括顾客做出购买决定和购买过程花费时间所形成的成本。以服务企业为例,顾客为购买餐馆、旅馆、银行等提供的服务时,常常需要花费一定时间选择购买单位和地点,到正式购买或消费阶段,又要花费一定的等候时间,特别是在营业高峰期更是如此。顾客决策和等候购买该项服务的时间越长,其时间成本越高。同时,等候时间越长,越容易引起顾客对企业服务的不满,中途放弃购买的可能性也就会增大。因此,努力提高工作效率,在保证产品与服务质量的前提下,尽可能减少顾客的时间支出,是创造更高的顾客认知价值、增强企业市场竞争能力的重要途径。

(2)精力成本。精力成本(精神与体力成本)是指顾客购买商品时,在体力、精神方面的耗费与支出。在顾客总价值与其他成本一定的情况下,体力与精神成本越小,顾客为购买商品所支出的总成本越低,从而认知价值越高。顾客在其购买过程的各个阶段,均需付出一定的精神与体力。特别是在复杂购买行为中,顾客需要收集产品信息、比较评估,从而付出较多的精力成本。如果企业能够通过多种渠道向潜在顾客提供全面详尽的信息和相关指导服务,就可以减少顾客所花费的精神与体力,从而降低顾客购买总成本。

顾客认知价值是市场营销活动的核心导向,最终目的是实现企业利益的最大化,区别于其他经营导向的本质特征在于:它强调通过满足顾客需求来实现企业利益的最大化;强调以顾客需求为中心展开整个企业的经营活动;强调所有营销组合策略的制定也是围绕顾客需求这个中心,使每一个因素都能成为顾客认知价值增加的驱动因素。

顾客认知价值、顾客总价值、顾客总成本如图 1-2 所示。

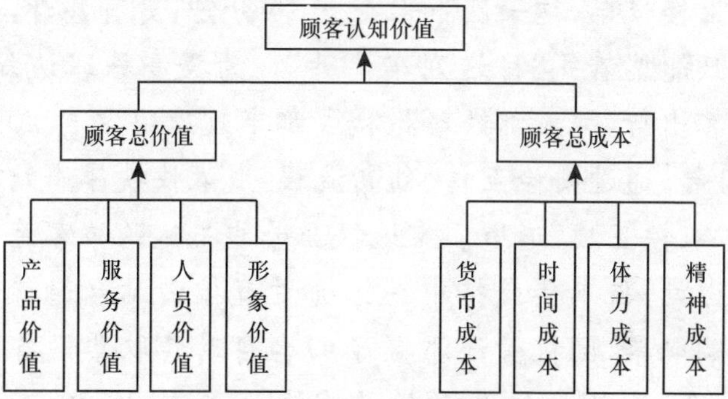

图 1-2　顾客认知价值图

铁路运输企业为战胜竞争对手，吸引更多的潜在顾客，就必须向顾客提供比竞争对手具有更多认知价值的产品。从这种意义上说，铁路客货营销的重点是向营销的深度方向掘进，即对旅客货主的需求了解更深入、细分更具体、目标更明确、定位更精准、服务更周到，旅客、货主的满意度更高。同时，采取有力的措施，在企业经营的各个方面和各个环节尽力为顾客提供便利，使顾客以最小的成本耗费取得最大的实际价值，是铁路运输企业需要深入研究并解决好的问题。必须努力提高工作效率，在保证服务质量的前提下，尽可能减少旅客货主为购买服务所花费的时间支出。例如，必须从方便性出发，设计售票厅、候车室，设计座椅、卧具等车上用品，在经营网点的广泛度和密集度等方面也要做出周密的安排，还要从客运服务的便捷性、舒适性、安全性出发，加快推进铁路建设步伐，强化城市交通、航空机场与铁路客运枢纽的便捷连接，有效解决客运“前后一公里”。

【链接】 在过去，因管理权属不同，地铁和高铁被玻璃护栏隔开，乘客必须先下楼出站，再从楼下绕行至高铁站，通过安检再上楼候车，跑一圈下来至少 15 分钟，更有甚者，一些旅客往往只能喘着气“目送列车离开”。为提高旅客认知价值，方便旅客出行，原成都铁路局和成都市政府决定自 2017 年 7 月 25 日起，通过安检互信、创新流程，成灌快铁犀浦站在站台上打通“双铁互换”通道。乘地铁 2 号线抵达的旅客无须出站安检再进站，持车票或持中铁银通卡直接由站台通行。为方便旅客购取票，闸机旁还添置了四台自助售取票设备。预计到 2020 年，成灌快铁各站的旅客发送量在 2 770 万人次以上，其中犀浦站客流将达到 630 万人。旅客经同站台零距离中转，可快速去往都江堰、青城山、彭州等方向，大大提升了高铁融入城市交通公交化的速度，为其他铁路局集团公司创新客运服务模式提供了成功范例。

铁路客运营销

第一节　用好用活客运营销产品策略

我国国土面积大，人口众多，铁路是最为适宜的旅客出行方式。铁路客运具备运行速度快，舒适度高，客运量大，价格低廉等优点，能够不受地形、地貌、天气限制，只要轨道通达旅客就能到达。近年来，伴随铁路建设步伐的加快，中国铁路服务经济社会发展的整体能力得到极大提高。但与飞速发展的国民经济、逐步加快的生活节奏以及快捷舒适安全的出行需求相比，中国铁路仍然有巨大的发展和提升的空间。

1. 铁路客运面临季节性忙闲分布不均。

2. 地区性客流分布不均，造成主要运输通道能力全面紧张、干线超负荷运转、旺季无票可买，淡季空车运行等瓶颈。

3. 为旅客提供便捷性、舒适性出行服务的水平有待进一步提高

4. 客运组织方式与营销要求差距较大，对市场反应不够灵敏，注重内部管理，生产型特点更为突出，对市场需求和企业经济效益考虑不充分。

5. 从客流预测、列车开行方案设计、列车运行图编制到调度指挥、站车工作组织等全过程运输组织系统尚需优化。

6. 信息化和智能化应用水平较低，客运产品与旅客多层次、个性化需求仍存在一定的差距。

7. 集疏运系统不尽合理完善，铁路“前后一公里”问题有待解决，仍然面临着如何向更加适应市场方向转变的问题。

这些问题的存在，客观上需要铁路企业充分运用市场营

销组合理论来指导实践并加以研究解决。

市场营销组合是现代市场营销理论的一个重要概念。1953年，尼尔·博登率先提出了“市场营销组合”这一术语，意思是说市场需求在某种程度上会受到“营销变量（营销要素）”的影响，为了达到既定的市场营销目标，企业需要对这些要素进行有效的组合。市场营销组合中所包含的可控变量很多，迄今为止，影响最大的关于市场营销组合要素的概括，是由麦卡锡于1960年在《基础营销》一书所提出的4P组合。麦卡锡将市场营销要素概括为四类：产品（product）、价格（price）、渠道（place）和促销（promotion）。由于这四个名词的英文首字母都是P，所以称为4P组合。

随着20世纪70年代以来服务业的迅速发展，越来越多的证据显示，具有实体形态的产品营销组合要素构成并不完全适用于服务营销。因此，有必要重新调整营销组合以适应服务市场营销的新情况。于是，布姆斯和比特纳将服务业市场营销组合修改扩充为七个因素（7P），即产品、价格、渠道、促销、人员（people）、有形展示（physical evidence）和过程（process）。

铁路企业可以根据目标市场的需要，决定自己的产品及其结构，制定产品价格，选择分销渠道（地点）和促销方法，也可以通过对人员、有形展示和过程等市场营销手段的运用和搭配，实现企业经营目标。但同时必须看到，铁路企业市场营销过程不但受自身资源和目标的制约，而且要受各种宏观环境因素的影响和制约，这些是铁路企业不可控制的变量，即“不可控因素”。因此，营销管理人员的任务就是适当安排市场营销组合，使之与不可控制的环境因素不断相适应，这是铁路企业市场营销成功的关键。

例如,2009年12月9日,武广高铁试运行。广州发车到武汉不到3小时,其间跑出了394千米的时速,创下了世界高铁最高运营速度。武广高铁作为一个战略业务单位,首先要明确自身在企业发展大局中的地位和作用,并充分考虑和评估面临的多种竞争因素,如普速铁路、航空和公路等出行方式及旅客讨价还价能力的制约等,在此基础上选择和制定自己的经营战略。而铁路客运营销的任务就是根据经营战略的要求,在分析营销机会和市场细分的基础上选择相应的目标市场并给予定位,考虑匹配的营销组合并制定营销计划,组织实施和控制营销过程,以保障武广高铁客运业务战略任务的实现,最终形成竞争优势。

【案例6】 客运组织灵活的德国铁路

德国的旅客列车大都采用世界上较先进的动车组。这种动车组为客运公司按市场需求的变化而灵活编组提供了可能性。灵活编组是指按旅客出行地点、方向的不同、人数的变化,分段摘挂或改变列车的前进方向。如慕尼黑近郊列车行至市区与市郊结合部后,由于乘客减少,列车的前半部继续前行,后半部则向市区折返,十分灵活机动。在一些铁路支线上,他们也往往采取多辆动车组合编为长挂车编组方法,即同一线路不同前进方向的旅客分别乘坐不同的车厢,在相同运行区间内列车一体化运行,需要分散时,一分为二或为三,驶向不同的目的地。既方便了旅客,又节省了动力和线路占用,提高了效益还省去了旅客换车的麻烦。正是通过这一系列营销手段的成功运作,德国铁路逐步遏制住客运市场份额下降的势头。与此同时,为使提速后的客运产品更具市场竞争力、更方便旅客记忆和乘坐,德国铁路在列车运行时间上采用节拍式运行。节拍式运输是指按照一定的节奏,有规律地在固定时段开行列车。其好处是旅客便于记忆,愿意乘坐。在城际特快列车上,德国铁路严格实行1小时间隔发车的节拍运行,从早6:00开始发车,最晚的列车于24:00到达,节拍式运输已成为德国铁路客运的主流。

一、找准目标市场是客运产品营销策略的关键

麦当劳总裁曾经说:“顾客在哪里工作、哪里生活、哪里学习、哪里购物和娱乐,我们的餐馆就开到哪里!”铁路客运营销也需要遵循这一原则——旅客的需求在哪里,我们的位移服务就应当提供到哪里!

随着社会生产力的提高和科学技术的进步,消费者的需要和欲望得以满足的程度越来越高,市场需求也就越是多样和复杂。企业由于受到其资源禀赋和能力的限制,不可能同时满足消费者多方面的要求,也不可能为一个市场的所有消费者提供使其满意的商品或服务。因此,20世纪50年代以后,在市场细分的基础上进行目标市场的选择,即目标市场营销成为现代市场经济条件下企业最普遍的营销活动方式。

1. 选择目标市场的意义

(1)能够系统地考虑每一个细分市场,更好地发掘市场机会。研究各个细分市场的大小、需求被满足的水平、竞争者活动等情况,可以确定本企业在该细分市场的销售潜力,可以发现哪些市场尚未开发?哪些已经饱和?从而帮助企业掌握机会,避开威胁。

(2)分析各细分市场可采用的市场营销组合策略,并据以判断该细分市场的机会是否足够收回所费成本。要是企业资

源有限，可以集中力量于一个或少数几个能赚钱的分市场，实行集中市场营销；反之，企业资源丰富，可拥有广度和深度较大的产品组合，并依据不同细分市场的相对吸引力分派力量，覆盖市场。

(3)营销人员可以依据不同市场的需求和吸引力，从下到上一步步建立起切实可行的市场营销目标和预算分配。相反，由上到下来硬性制定市场营销目标，不分轻重地随意分派力量到各分市场，不仅会浪费企业资源，还会使企业做出错误的市场营销努力，严重影响企业收益。

选择目标市场的作用在世界各国铁路运用实践中都有所体现。自 1994 年以后，日本、德国、意大利等国家，在铁路建设和运用方面就非常注重差异化分析、多元化发展，在铁路发展史上从单一追求里程数量、列车最高时速纪录、运输效率到目前的市场差异性研究建设，在铁路优化、列车换代、客流细分、票价细分、服务提高等多方面满足旅客的差异化需求，已然成为潮流和趋势。

2. 确定目标市场应考虑的因素

(1)企业资源。当企业的人力、物力、财力、信息等资源不足，无力把整体市场作为自己的目标市场时，最好采用集中市场营销；如果企业资源雄厚，就可以考虑采用差异化市场营销。

(2)产品的同质性。如果产品设计变化较多，如汽车、服装、食品等，适合于采用差别市场营销或集中市场营销。如果同质性产品其差异较小，例如钢铁、大米、食盐等，则比较适用于无差别市场营销。

(3)产品所处的生命周期阶段。当企业向市场推出新产品时，通常只介绍单一款式，适宜于采用无差别的市场营销或者集中市场营销，但当产品进入成熟阶段后，就应转向差别市场营销，以开拓新的市场。

（4）市场的同质性。如果所有的购买者其爱好相似，每一时期的购买数量相近，对市场营销刺激的反应也相同，这说明市场是同质的或相似的，企业可以采用无差别市场营销；反之，则宜于采用无差别市场营销销或集中市场营销。

（5）竞争对手的目标市场营销战略。当竞争对手已经进行了积极的市场细分，即已经实行差别市场营销时，企业如果再采用无差异市场营销来与之竞争，则无异于自杀。此时企业应当用更为有效的市场细分，寻找新的市场机会，实行差别市场营销或集中市场营销。反之，当竞争对手采用无差别市场营销，企业应当“跟踪追击”，实行差别市场营销或集中市场营销将更容易有所得。当然，如果竞争对手较弱时，企业也可以实行无差别市场营销。

综合分析考虑这些因素，铁路企业在制定客运产品目标市场营销战略时应当采取更加积极的差异化策略。

二、产品差异化是客运营销策略的必然选择

企业向目标市场提供的产品或服务品都会在消费者的心目中有一个特定看法和印象，这主要决于企业实现产品或服务的差异化。差异化是企业全面战略计划中的重要组成部分，它所彰显的是企业及其产品是如何与众不同、与竞争者相比是多么的突出。

1. 客运产品差异化的前提是准确的市场预测

随着社会的发展进步，我国旅客出行的人数在逐年递增，

客运市场竞争也在不断加剧。与此同时，旅客对运输服务质量的要求越来越高，旅客流量及其结构也在不断变化，导致铁路客运营销正面临严峻考验。为了应对挑战，铁路企业在路网建设、运输组织优化、客运产品推陈出新等方面进行了大量投入和工作，也取得了明显的成效。例如，2017 年春运期间，原兰州铁路局以满足旅客出行需求为导向，采取图定列车加挂、满编等方式增加运能，通过实行高峰期运行图、车底套跑、卧代座等方式增加客运产品有效供给，想方设法引流上线，运输秩序平稳有序。

但从总体来看，铁路客运季节性分布明显，忙闲不均；地区性分布不均，经常出现主要运输通道能力全面紧张、干线超负荷运转等问题，其根源在于铁路企业缺少对不同时期、不同区域、不同人群、不同需求进行科学有效的差异化分析，围绕顾客满意度提高速度、增加密度、扩大重载，综合采用干线挖潜、新线分流、优化径路、合理调整等差异化营销策略运用得不够充分。反映在具体实践中就是铁路客运产品种类不够丰富，对市场变化反应迟钝，不能随着市场的变化及时调整运输产品结构，经常出现旅客运输有流时不能及时加开列车；流少或无流时又不能及时停运等现象，导致此类问题发生的重要原因就是市场调查和市场预测不够充分，对 12306 网站等平台的大数据利用开发不够充分，对能否吸引足够的客流数量掌握不准，导致一部分客车的开行存在盲目性，其结果就是部分客车上座率不高，达不到盈亏平衡，而另外有一部分客车又存在严重超员现象。

铁路客运营销的发端来自于充分的市场调查和市场预测。开行客车之前，铁路企业必须对客流变化是否掌握、调查手段是否先进、调查数据是否准确等核心问题仔细考量，准确预测市场需求。2018 年 4 月 20 日，根据中国铁路兰州局集团有限公司（原兰州铁路局，以下简称“兰州局集团公司”）客运部门分析预测，“五一”小长假期间，前往北京、上海、广州、厦门、西安等长途方向，前往天水、陇南、张掖、嘉峪关、敦煌等短途方向的旅游客流保持高度集中。因此，小长假期间，兰州局集团公司共加开 6 对列车、重联 5 对动车组列车编组，突出客运产品供给结构与市场需求结构的适应性，按日常图、周末图、高峰图方案，实行“一日一图”，努力实现运力投放与客流需求相匹配。

2018 年 8 月 8 日，为适应客流变化的趋势和要求，京津城际铁路开始实施新的列车运行图，复兴号动车组在京津城际铁路按照时速 350 公里运行。运行图调整后，京津城际铁路开行列车数量由 108.5 对增加至 136 对，北京南站至天津站列车运行时间将由 35 分钟压缩至 30 分钟。中国铁路北京局集团有限公司（原北京铁路局，以下简称“北京局集团公司”）针对京津城际铁路不同时期客流特点，科学合理调整列车开行方案，安排了高峰日、周一、周二至周四、周五、周六、周日等 6 张运行图，努力实现运力投放与客流需求精准匹配，满足日常、周末、小长假、春暑运等不同时期的出行需求。

可见，只有通过大数据市场调查和预测分析，精准掌握旅客运输需求及其变化，据此设计客运产品和开行方案，有流多开车力争多发送，无流少开车争取上座率，才能进一步丰富客运产品供给，真正满足旅客差别化的出行需求，积极引流上线，实现增运增收。

【链接】 据北京晚报 2017 年 10 月 9 日消息，西安开行全国首趟“众筹火车”——可根据旅客需求调整发车时间。网络众筹早已不再是个新鲜事，但“众筹火车”您听说过吗？国庆中秋“双节”长假刚刚结束，为了应对返程客流高峰，西安铁路局开行了全国首趟“众筹火车”，为旅客提供铁路出行的“定制化服务”，可以根据旅客需求来调整发车到达时间，甚至是硬座、硬卧或者软卧席位的数量。这次试水的“众筹火车”受到乘客欢迎，上座率达到100%。

如何“众筹火车”？所谓“众筹火车”，就是旅客可以通过互联网平台，自行选择需要乘坐列车的区段、日期和席别，如果参与众筹的人数达到列车总席位的一半以上，铁路部门就可以决定开行这趟列车。

具体如何来参与众筹呢？有相应出行需求的旅客，只需要登录微博账号或者通过扫描二维码，就可以参加“众筹火车”的活动，铁路部门会根据众筹人数决定列车是否加开。西安到榆林的K8188次众筹火车票，以旅客众筹车票的数量，决定这趟列车的开行。这趟列车不是西安车站的图定列车，把它拿出来，把主动权交给旅客，让旅客认可这趟列车的开行。此次开行的“众筹火车”共有两趟，一趟是10月7日23:33从西安开往榆林的K8188次列车，另一趟是10月8日从榆林开往西安的K8187次列车。全车共有218个硬座、817个硬卧和22个软卧。从9月28日西安铁路局发布众筹信息到10月6日，所有车票全部售完，上座率更是达到100%。

2. 客运产品差异化的基础是有效市场细分

提升客运列车开行效益的途径和方法，就是把市场细分、目标市场、市场定位等贯穿于制定客运营销战略之中，让营销组合变成多彩的"魔板",千方百计地增加客运经营效益。客运市场的旅客需求是多种多样的,因而必须进行市场细分。所谓客运市场细分,就是指以旅客需求为出发点,根据旅客消费行为的差异性,结合地域性差异、季节性差异等把旅客总体划分为不同服务群体的过程。进行市场细分,首先要分析不同旅客之间需求的差别,再把需求相似的旅客群体归结为一类,每一个旅客群体就是一个细分市场。不同的旅客群体对客运列车的速度、价格、舒适度等方面是有不同要求的,因而构成异质市场。在对旅客需求细分的基础上,锁定目标市场——即我们打算为之提供位移服务的群体,充分运用产品差异化策略,开发出不同的客运产品。同时,注重在客运产品多层次、多功能的附加服务方面做足文章,充分放大产品价值,进一步满足旅客差异化、多样化和个性化的需求。一般意义而言,根据旅客需求性质的不同可以将铁路客运市场细分为质量优先型、时间优先型、价格优先型、方便快捷型四大类。

(1)质量优先型。

质量优先型旅客以公务员、高端商务人士为主,他们追求安全、舒适和优质的服务。由于工作和生活非常繁忙,他们对购票的方便快捷要求高,旅途环境也需要舒适优雅,以便消除疲劳、进入更好的工作状态。如果在旅行的过程中还能够利用列车提供的 WiFi 来处理各种公文和业务,那就再好不过了。他们旅行目的是要赶到外地开会或参加活动,对旅行的安全、准点等因素考虑比较多,考虑价格的因素较少。

2017 年 7 月 1 日,京沪高铁正式投入运营新型卧铺动车组,其目标顾客就是这类质量优先型的高端旅客。该卧铺动车组采用全新设计,每个铺位空间独立,等于一个小"包间",

配有茶桌、充电插座、照明灯等。新型卧铺动车组是由中车青岛四方机车车辆股份有限公司在既有 CRH2E 卧铺动车组基础上研制的我国最新型卧铺动车组。采用 16 节编组,全列软卧,运营时速 250 公里,总定员 880 人,列车从旅客乘坐舒适性、私密性和多样化功能需求等方面采用了全新设计,进一步提升动卧的服务品质。新型卧铺动车组增加了车体高度,上铺的空间更加宽裕,旅客在上铺也能够舒适地坐立。铺位的墙面上配有靠背,并且可以按坐姿需求调整倾斜角度,空调为每个铺位单独送风,非常舒适。同时,每个铺位单独配备充电插座、照明灯等,为旅客在旅途中阅读、办公、休闲等提供便利。每个铺位还配置了拉帘、扶手、裤挂、衣帽钩,非常人性化。新型卧铺动车组进一步优化了减振降噪设计,车厢内部的噪声控制在 62 分贝,列车噪声水平达到优级。即使列车在高速运行时,车厢里也十分安静,可以称得上是"移动宾馆"。

(2)时间优先型。

随着生活节奏的加快,人们的出行频率越来越高而且更加追求速度,很明显快速已成为客运市场重要的竞争指标。时间优先型旅客多以旅游、休假、公差、低端商人为主,他们对时间成本最为在意,对高速直达的位移服务产品需求最为强烈。

以旅游消费群体为例,他们的时间不充裕但精力充沛,带薪年假一般只有几天时间,又想多玩几个地方,所以在路上花费的时间越少越好。他们喜欢物美价廉的位移产品,对舒适度并不太关注,累一点也无所谓。国家旅游局数据显示,2017 年"十一"黄金周逢国庆中秋双节,全国共接待国内游客 7.05 亿人次,实现国内旅游收入 5 836 亿元,按可比口径前 7 天与

2016年同比计算，分别增长11.9%和13.9%。针对越来越庞大的旅游消费群体，铁路企业要在深入市场调查研究的基础上，加大城市间点对点列车开行力度，晚间始发列车实现夕发朝至；白天始发列车实现“半日达”。同时，加强与地方政府和旅游公司对接，瞄准旅游市场，打造具备观光、娱乐等功能的旅游列车，有效拓展客运发展的市场新领域，不断推出改善群众出行体验的旅游列车新品牌，全面构建以创新为引领和支撑的客运发展新模式。

(3)价格优先型。

价格优先型旅客大多自费出行，他们对票价或性价比最敏感，很少考虑其他因素，一般时间价值较低，出行目的以通勤和探亲为主。最典型的就是农民工和学生，他们是铁路客运市场最为重要的群体。不但数量庞大，而且乘坐时间集中，在一年中的两大客运旺季——春运、暑运中，铁路企业的主要服务对象就是农民工和学生。他们对舒适度要求较低，非常在意的是购票容易、方便，旅行成本低。因此，在差别化营销策略的实施过程中，要充分考虑这部分群体的规模和数量，提供方便快捷的购票渠道和候车乘车组织，保证普速列车和“绿皮车”的保有量和充足供应，以满足规模庞大的低端大众消费需求，这也是铁路企业必须承担的社会责任。

兰州局集团公司开发的客运品牌——“城乡文化列车”已经成为沿线群众外出最先选择的交通工具。2015年，伴随着丝绸之路经济带建设的铿锵步伐，为响应国家“一带一路”倡议，凝聚品牌内涵、展示服务形象、服务地方经济、实现互利共赢，原兰州铁路局于当年4月30日命名了包括陇西至天水7504/7503次“城乡文化列车”。“城乡文化列车”编挂8辆硬座车,采用22型车体。这趟天兰线上的“绿皮小慢车”,因站站停车、票价低廉和生活气息浓郁,被当地百姓称为“铁路公交车”。“城乡文化列车”穿行在陇西至天水间的三县一区八镇,途经区域人口密度大、城乡距离近。老百姓赶集、走亲访友以及在天水、甘谷、武山中转乘坐火车的旅客,都会选择乘坐这趟列车。据统计,“城乡文化列车”列车年运送旅客超过30万人次。尤其是2014年以后,这趟列车日均运送旅客达到1 093人次,每逢节假日、赶集日,客流甚至可以突破1 500人次,已经成为名副其实的穿越陇东山区的“民生列车”。

(4)方便快捷型。

方便快捷型旅客对出行的要求主要是快捷、安全。随着居民收入水平的提高,居民消费结构迅速升级,人们对旅行各环节的便捷性、旅行全程的顺畅性、旅行过程舒适性、出行的正点率、出行费用等要求进一步提高。以居住在大城市的周边的上班族旅客最具代表性,且这类的旅客越来越多。究其成因是大城市居住消费高,房价贵,拥挤嘈杂,而周边城市居住环境好,空气质量高,房价相对便宜,适合居住,要解决的突出问题就是上下班的交通问题。他们每天要往返于居住地和工作地,出行的目的单一而直接——上班和回家,乘坐方便、快捷是这类消费群体的主要出行诉求,因此,专门服务于相邻城市间或城市群,旅客列车设计时速200公里及以下的快速、便捷的城际列车发展前景广阔。

城际列车安全、快捷、运量大、全天候等优势,极大地缓解了区域交通运输压力,形成了半小时、一小时城市圈,同城化效应愈加明显。城际列车运营的集聚效应还加快了城镇化建设步伐,加快了区域内人才、资金、物资等合理流动,加快了区域内各城市产业结构、功能结构合理调整，加快了区域内生活区、工业区、经贸区合理布局，有利于实现区域经济的均衡发展。

3. 产品差异化是客运提质的内在要求

铁路企业落实客运提质计划必须要关注以下几个问题，来有效识别旅客的差异化诉求：

(1)旅客是怎样意识到他们对铁路客运服务需求的？

(2)旅客是怎样做出他们最后选择的？

(3)旅客购买铁路客运服务真正的原因是什么？

(4)与其竞争对手相比，铁路客运服务优势何在？

从不同职业和收入水平的旅客出行目的、时间，以及对速度、舒适度、便捷度的要求上来细分旅客，是世界各国铁路的惯常做法。以日本铁路公司为例，各公司根据日本社会日益严重的老龄化情况，为50岁以上的老人提供各种讲座、音乐会、演出等社会文化活动，以及旅游套餐等各种利用铁路作为出行工具的产品组合，按年龄段给予优惠，并设置专门的会员网站、热线服务电话和定期免费杂志为会员提供产品信息服务。同时，还推出不限搭乘次数的会员通行证、专用周末票等，吸引在家闲居老人参与，刺激淡季客流的产生和保持。

我国异质客运市场的存在，客观上需要铁路企业准确把握市场脉搏，努力扩大客运服务新供给。同时，我国铁路客运市场“忙闲不均”特点突出，通常情况下以公务客流为主，季节性分布较为均衡，而旅游、探亲客流在春运、暑运和黄金周等时期大量聚集，一方面造成了既有铁路特别是干线运输能力极其紧张的局面，另一方面，对铁路企业运用差异化营销策略的水平也提出了更高的要求。如何根据不断变化的环境，编制符合市场经济发展规律、满足旅客要求，又具有经济效益的旅客列车运行图，灵活进行客运组织，优化客运产品结构，最大限度地减轻严重超员与虚糜并存的现象，让铁路客运产品和服务更加符合旅客的需要，更加贴近经济社会的发展要求，是铁路落实客运提质计划需要着力研究的内容。

首先，在调查了解旅客需求的基础上，有效运用市场营销产品差异化理论，开动脑筋设计多元客运产品。

其次，着力优化和调整高铁、夕发朝至、定制化、旅游、组合式接续等客运产品结构，扩大市场份额。在具体运行过程中，客运、运输等职能部门要把开展客流调查分析工作经常化、制度化和规范化，准确掌握旅客出行动态和去向，高质量做好客流分析，科学筹划城际、长线、旅游列车开行方案。

第三，建立科学的列车开行效益评估机制，实现客运资源效益最大化。按照“有流开车、无流停运”的原则，对已经开行客车的上座率和开行效益科学评估，及时调整列车开行方案，不断完善高速与普速优化配置、长短途有效组合、昼夜间合理匹配、满足旅客不同层次需求的产品供给体系，全面提高客运产品供给质量和运营效益。

三、全面掌握运用客运产品整体概念

铁路客运产品就是旅客的“位移”。在旅客从甲地到乙地的位移过程中，铁路企业提供的服务与旅客对服务的消费同时进行，不可分割。

1. 客运产品整体概念剖析

铁路客运产品整体概念包括核心产品、形式产品和附加产品三个层次，如图 2-1 所示。

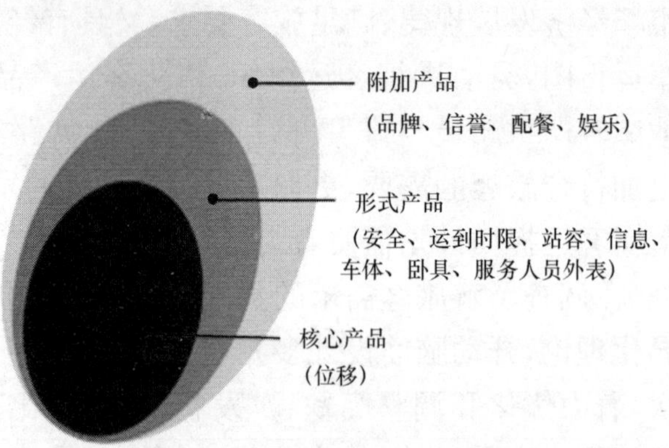

图 2-1 铁路客运产品整体概念示意图

(1)核心产品——位移。旅客购买运输产品时所追求的核心利益和效用,是旅客真正想要买的东西,因而在产品整体概念中也是最基本、最主要的部分。

(2)形式产品——位移的载体。就是向市场提供的位移服务可识别的具体形象表现。铁路客运产品的基本效用即位移,必须通过这些具体的形式才能得以实现,例如,安全、运到时限、站容、信息、车体、卧具、服务人员外表、服务态度等。由于服务的本质是一种行为过程而不是某种实物,具有无形性,所以旅客只能借助这些有型的、可视的部分来把握和评价服务的实质。换句话说,形式产品为旅客提供了有关铁路客运产品服务质量的有形线索,从而帮助旅客做出购买决定和质量评价。

(3)附加产品——溢价和增值的部分。旅客购买位移服务时所获得的全部附加值和利益,例如品牌、信誉、配餐、娱乐。

对许多企业来说,区分自己的核心产品与附加产品是非常有必要的。以银行为例,其提供的核心服务是银行账户,但也有诸如寄存帮助、停车服务、自动柜员机以及月结单等辅助服务。辅助服务往往能使服务提供商提供有别于竞争对手的服务,并且可能增加消费者价值。附加产品的概念源于对市场需求的深度认知。营销学家西奥多·莱维特曾经指出,新的竞争不是发生在生产什么产品方面,而是发生在该产品能够提供何种附加利益方面。为此,兰州局集团公司在"敦煌号""沙坡头号"等25对品牌列车上,推出了文化、娱乐、健身、餐饮、超市"五位一体"的列车超值服务,产品社会认知度明显提高,旅客体验价值和获得感进一步增强,推动实现了客运产品和资源效益最大化目标,取得了铁路客运与公路竞争的明显优势。

2. 运用"互联网+"增加客运附加产品

随着人们生活条件的不断改善,旅客对出行早已不再是纠结于脚尖上的选择,而是更加关注舌尖上、指尖上等综合配套服务设施的条件,如列车上的无线网络信号、餐饮等。长期以来,坐火车旅行时如何解决旅途中的那顿饭,一直困扰着乘客。火车上的盒饭太贵、选择又少,很多人本来就是大包小包,还要带很多旅途中吃的食物,非常麻烦。如何运用科技手段,发展"智能客运"就成为提高客运附加产品,充分满足旅客出行需求,全面落实客运提质计划必须思考解决的问题。

在"互联网+"的国家战略背景下,原上海铁路局通过有益的尝试率先做出表率。2017年1月13日,原上海铁路局与专业订餐平台联手,首次在25趟高铁列车上推出"饿了么"平台,向旅客提供两种订餐服务。旅客只需动动手指,不用离开座位就可吃上自己合意的餐食。针对春运期间多数高铁列车满员运行、旅客在车厢内起身行走干扰增加的实际，原上海铁路局在发挥现有“12306 电话”订餐平台和“上铁 12306”APP 订餐平台作用的基础上，与专业网上订餐平台“饿了么”合作，推出“预订”和“即时订”两种订餐服务，尽最大可能方便旅客。其中“预订”服务可以在旅客乘车日之前的 7 天内预订餐车美食；“即时订”服务可以在乘坐高铁时，打开“饿了么”APP 即时下单。接到下单后，餐服人员会在最短时间内送餐到座位，旅客不必再跑到餐车或等待移动餐饮小车选购餐食。在方便旅客点餐的同时，原上海铁路局不断丰富高铁列车餐饮品种，春运期间提供盒饭、包子、鸡肉卷、面条、三明治等食品，并新增一批汤类饮品，旅客可根据自己喜好选购。

为了使旅客购买位移服务时获得更多附加值和利益，切实提高旅客满意度，增强广大旅客的获得感，从 2017 年 7 月 17 日起，铁路在各省会及计划单列市所在地的 27 个主要高铁客运站，推出动车组列车互联网订餐服务，为旅客提供更多品种、口味的餐食服务。乘坐 G、D 字头的动车组列车出行的旅客，可以通过 12306 网站、手机 APP 等方式预订所乘列车餐车供应的餐食，也可预订沿途供餐站供应的社会品牌餐食。此次试点的供餐站共 27 个，主要是上海、天津、广州、南京、杭州、西安、沈阳、长春、武汉、济南、福州、厦门、长沙、成都、重庆、兰州等省会及计划单列市所在地高铁客运站，旅客订餐成功后，铁路站车服务人员会把餐食送到订餐旅客指定的车厢和席位。符合规定的餐饮产品均在 12306 网站明码标价，供旅客选择，订餐的流程很简单，跟在家里点外卖差不多。旅客通过 12306 网站订票成功后，将收到是否订餐的提示，需确认订餐时，按页面功能提示办理，并可使用支付宝和微信支付餐款。通过电话、车站窗口、代售点、自动售票机等其他方式购票的旅客，也可通过 12306 网站订餐，需在订餐时提供车票信息和联系人信息，所订餐食费用(含配送费)均按社会网络订餐规则办理。

科技发展的一小步，生活品质提升一大步。通过 12306 网站或者手机 APP 订餐这一措施的实施，是铁路企业主动引进竞争、丰富旅客选择的一大进步。列车餐饮服务产生的深刻变化，是铁路企业“以旅客满意为最高标准”的服务理念及服务能力明显提升的生动写照。

为满足旅客对美好出行的需求，扎实有效地贯彻客运提质计划，还需要在“智能客运”方面大做文章。目前铁路购票系统已同第三方平台(如支付宝)对接数据，为乘客购票提供了极大便利，但还有一些数据仍然尚未完全开放，致使铁路同其他交通运输方式的衔接不能充分到位。例如，旅客到现在仍然是人到了车站才能知晓列车是否晚点，而机场航班早已实现了智能告知服务。如果将更多铁路运营数据开放共享，不但可以同其他交通运输方式顺利对接，还有利于促进商业模式创新，从而为乘客出行带来更多便利。

铁路企业可以吸取网上订餐服务的成功经验和做法，逐步扩大经营品类，与更多优质商家合作，深度挖掘旅客数据信息，为旅客提供更多精准增值服务，不断拓展企业收入来源，提高市场盈利能力。作为巨大的流量平台——12306 网站本身没有导入成本，而且实现了实名制全覆盖，这为大数据的汇聚和应用提供了绝佳的信息资源。铁路企业应将这些沉淀下来的数据进行深度开发，使其转化为提升服务质量的价值增长点。例如，身份证号码包含籍贯、性别和年龄等关键信息，据此可以针对性地为老人、妇女和儿童提供更加人性化的服务。再如，人们不仅为自己购票，而且为亲友购票，这又为预测旅客出行趋势和开发家庭友好型客运产品提供了基础信息。凡此种种，如果能够开放 12306 网站数据并吸引社会个人和企业“脑洞大开”地利用它们创造价值，一定会促使铁路客运服务出现更多意想不到的颠覆性改善。

2017 年 7 月 14 日，陆东福总经理在中国铁路总公司（以下简称“铁路总公司”）和腾讯公司就深化路企合作的会谈指出：“中国铁路拥有世界上最发达的高铁网，腾讯公司是处于世界前列的互联网公司，推进高铁网与互联网双网融合，既是时代发展、科技进步的必然趋势，也是双方实现优势互补、互利共赢的战略选择。双方深化合作既有基础，又有广阔空间，应坚持以满足人民群众需要为目标，把握发展战略的共同点，着眼于推动高铁网与互联网服务平台和服务内容的深度融合，开放合作，更好地发挥各自优势，勇担社会责任，维护网络安全，将双方的网络资源优势转化为旅行生活新方式、新品质，便民利民，推动中国高铁和互联网产业走向世界，为实现中华民族伟大复兴的中国梦贡献力量”。

第二节　优化完善铁路客运产品价格策略

价值规律、供求规律和竞争规律是市场经济三大规律，这三大规律对人类社会经济的发展起到了积极的推动作用，具有强大的生命力。企业作为国民经济的细胞和市场主体，要想在社会主义市场经济的大潮中求得生存和发展，必然是趋利的和盈利的，即使具有公益性质的企业也不能因为要发挥社会效益而影响企业自身的生存和发展活力，更不能靠国家补贴过日子。因此，综合考虑建设运营成本、市场需求和多种运输方式的比价关系等因素，科学制定并运用客运产品价格策略，是铁路企业法治化市场化经营的必然选择。

【案例 7】 美国西南航空公司打好价格牌

1992 年，美国航空公司共亏损 20 亿美元，在不景气的 1991 年，赤字总额更是达到了灾难性的 80 亿美元。环球航空、大陆航空和美国西部航空等三家公司都在美国《公司法》第 11 章破产保护状态下惨淡经营。与此形成强烈反差，美国西南航空公司不仅实现了盈利而且还快速增长，1992 年销售额增加了 25%。自 1973 年以来，西南航空公司每年都在盈利，这在美国航空公司中是绝无仅有的。尽管西南航空公司不是全美最大的航空公司，但却是全美最成功的航空公司之一。西南航空公司以得克萨斯州市场为主，吸引那些注重价格并经常往来的顾客。1987 年，西南航空在达拉斯和休斯敦之间的单程机票是 59 美元，而其他航空公司的票价则高达 79 美元。在很多航线上，如此之低的价格足以使西南航空同汽车甚至是私人轿车展开了竞争。

1991 年，西南航空公司认识到："我们同汽车而不是同航空公司竞争，我们制定价格是为了对抗福特、克莱斯勒、通用、丰田和尼桑，那里已经有交通量了，只不过是在地面，我们要把交通量从高速公路上夺走，放到飞机上。"可以说，西南航空公司的成功是充分把握住战略机遇、发挥企业多方优势的结果，但其成功的关键是以成本控制为核心的低价竞争战略。

首先，西南航空统一使用一种机型——波音 737，因而飞机的训练、维护和库存成本都很低。同时，西南航空成功地缩短了地面周转时间,提高了飞机的使用效率。竞争对手的上下乘客和清洗整理飞机的时间是1小时,而西南航空70%的飞机周转时间仅为15分钟,10%的飞机周转时间仅为10分钟。

其次,降低旅客服务成本。西南航空的航程大部分是1小时到1.5半小时,因此,在飞机上只供应花生和饮料不供应其他主食;登机牌是可以反复使用的塑料卡片;西南航空还不预订座位,根据“谁先来谁先坐”的原则落座,大大节省了预订机票和安排座位的部分费用。

最后,尽量使用二流机场。西南航空公司通常选用一些费用低廉的二流机场,而非一流的国际机场,尽量节省机场费用。例如,在达拉斯,选用的是郊外的二流机场,而不是国际一流的沃斯堡国际机场。

一、完善与市场主体地位匹配的自主定价机制

我国铁路承担着部分国家经济宏观调控的职能,铁路运价的定价权还基本上由国家掌握,自我定价的余地较小。公路、水路、航空则不然,他们能充分利用价格杠杆作用,采用浮动价格策略,以增强竞争力抢夺客运市场份额。其中,公路运输采用淡季价和旺季两种价格,进行上下浮动;水路运输则根据市场行情自行确定运价。另外,一些地方铁路(包括合资铁路)也制定了灵活的运价策略,可以根据地区差别、行业运输环境、季节特点、车种别等不同条件,制定相应的运价政策来增强市场竞争力。例如,宁波至厦门,公路运行13.5小时,票价312元,高铁运行5.5小时,票价250元;厦门至深圳,公路运行8小时,票价372元,高铁运行3.5小时,票价150元。

换言之，高铁运行时间不足公路的一半，可是票价比公路却低得多，高铁上座率自然很高。

通常情况下，影响产品定价的因素主要有成本、需求和竞争三个方面。2013年以后，中国铁路虽然已经开始了市场化转型，也有了更多的运营自主权，但铁路总公司还没有获得定价权，客运产品也无法综合考虑成本、需求和竞争等影响因素，一直处于“死运价对活物价”的非市场化运营状态。2015年，中国铁路长期负债合计4.1万亿，比5年前增长了67%，每年还本付息就要耗去3千多亿，完全靠以债还债，其中最主要的原因就是铁路建设尤其是高铁建设成本高、投资回收周期长。以武广高铁为例，一等座80个座位，票价为740元/张；二等座450个，456元/张。按照春运时每天33对为标准，假如武广高铁每天都满员且乘客都坐满全程：那么，一天的票价收入为(740×80＋456×450)×33×2＝1 745.04万元，全年的票价收入约为63.7亿元。武广高铁的最终投资成本为1 166亿元，1 166/63.7＝18年，也就是说武广高铁每天开行33对，至少需要经过18年才能完全收回成本。由此可见，中国高铁投资建设还本付息压力十分沉重。同时，铁路客运收入虽然以每年10%以上的速度增长，但由于宏观经济下行压力加大，占收入比重更大的铁路货运却在以10%的跌幅减少，导致在现有经济来源有限的情况下，很难弥补铁路巨大的成本支出。

铁路企业市场主体地位的确立后，迫切需要以变动成本定价法为主，综合考虑需求和竞争因素来制定客运产品价格，尤其要考虑到在我国宏观经济增速放缓、铁路货运量在大幅下降的情况下，铁路客运收入已经成为企业整体盈亏平衡的重点部分，直接关系到铁路运输企业的自身活力和长期发展。

2015年12月23日，《国家发展改革委关于改革完善高铁动车组旅客票价政策的通知》发布：时速200公里以上的高铁动车组列车一、二等座旅客票价，由铁路运输企业依据价格法律法规自主制定。该通知强调，铁路运输企业制定高铁动车组一、二等座旅客票价时，应当制定无折扣的公布票价，同时根据市场实行一定折扣，确定实际执行票价。2016年2月21日，国家发改委宣布，从2016年起放开高铁动车票价，改由铁路总公司自行定价，并给予铁总根据市场竞争状况和客流分布等因素实行一定的折扣票价的权力。这意味着正在市场化转型的中国铁路总公司终于拿到了与其市场主体地位相匹配的"高铁定价权"。

理论和实践都证明，市场配置资源效率最高。市场决定资源配置是市场经济的一般规律，市场经济本质上就是市场决定资源配置的经济，因此，健全社会主义市场经济体制必须遵循这条规律，重点解决市场体系不完善、政府干预过多等问题。同时，加快完善铁路运输企业与主体地位匹配的自主定价机制，对于深化运输供给侧结构性改革，加快建立铁路现代国有企业制度，有序实施混合所有制改革和资产资本化，加快走向市场步伐，提高铁路企业经营效益等方面都意义十分重大。

二、完善与市场接轨的客运价格浮动体系

加快走向市场步伐，客观上需要铁路企业在市场营销的过程中灵活使用价格策略。火车票价格是涨是跌、变化幅度

多大,应由各十八个铁路经营企业根据实际运力与客流量决定,“一刀切”的做法必将退出历史舞台。取而代之的是铁路运输企业根据竞争情况及客流变化情况,灵活浮动客运产品价格。

首先,在春运、暑运、黄金周等运力紧张时期,适当向上浮动价格。这样做不但可以增加铁路企业运营收入,还可以用价格杠杆来调节客运需求,有效缓解铁路客运旺季“一票难求”的窘境,而且目前来看,我国高铁的基准价也并不高。以每百公里票价占人均月工资的比例来对照,法国是 0.81%,日本是 1.14%,德国是 1.29%,意大利是 1.33%,中国是 0.80%,与法国差不多。与日本、德国、意大利等发达国家相比较而言,我国高铁提价仍然有很大空间。2015 春运期间,铁路增开 4 对高铁动卧夕发朝至列车:深圳北—北京西、深圳北—上海虹桥,其中,深圳北—北京西最低卧铺票价为 999 元、最高票价为 2 200 元;深圳北—上海虹桥最低卧铺票价为 700 元、最高卧铺票价为 1 130 元。铁路企业在春运期间加开高铁动卧夕发朝至并适当提高票价的做法,既满足了高端旅客出行需求,同时也迫使一部分对价格较为敏感的旅客选择其他交通方式出行,有效缓解了铁路运输压力,增加了铁路企业的运营收入。

其次,在客运淡季可以向下浮动价格,最大限度地吸引客流,减少铁路客车虚靡。还可以通过灵活的价格策略,对忙闲不均的线路、区间及不同席别,实行差别化的客运价格,最大限度地提高铁路运输企业的资源使用效率和经营效益。例如,原北京铁路局与天津市交通运输委研究决定,自 2017 年 6 月 1 日起,对京津城际延长线实行“公交化”票价。对发站和到站均为京津城际延长线(天津—于家堡)的各站间各席别票价实行优惠。优惠后的天津至于家堡二等座票价为12元(5.85折),其他各站(天津站、军粮城北站、塘沽站、于家堡站)间的动车组列车各席别票价统一实行5.85折优惠。此次对京津城际延长线优化调整票价,不仅是政府购买铁路运输服务产品的一次有益尝试,也是铁路深化运输供给侧结构性改革,发挥高铁优势,以"公交化"服务助力京津"同城化"的重要举措,有效缓解了京津地区道路交通压力,更好地便利了沿线群众出行及经贸往来。

2018年春运,铁路企业对2月1日—3月12日期间始发的部分临客列车实行票价折扣,打折幅度为原票价的8折或9折。已初步确定有64趟临客列车将试点实行折扣票价,包括成都—北京西的K4294、南昌—上海南的Z4382次在内的节前临客列车32趟;北京—汉口的K4093次、深圳—衡阳的K6640次在内的节后临客列车32趟。同时,由于春运具有单方向客流特点,部分列车去程客流集中但返程客流较少。根据2018年铁路春运增开列车开行方案及往年大数据分析,铁路部门对始发终到时刻相对较好的回程方向列车,在现行票价基础上最低实行八折优惠。此举既可为旅客出行提供更多的实惠和选择,又可充分利用回程方向运输资源,提升春运整体运输效率和企业效益。

综合考虑建设运营成本、市场需求和多种运输方式的比价关系等因素,铁路总公司决定自2017年4月21日起对东南沿海高铁时速200公里至250公里动车组列车的公布票价进行优化调整。票价调整前,东南沿海高铁长期执行国家1997年批复的高等级快速软座票价标准,明显低于同区段公路票价，不利于各种交通方式合理分工和充分竞争。调价有利于通过价格杠杆调节客流，提高长途高铁的座位使用率，加快铁路总公司融入市场的步伐。以深圳北—潮汕的高铁为例，涨幅最高的D3108次，早上8:11开车，10:29到潮汕，终点站是上海，黄金班次，上座率最高。降价最多的D7406次，早上7:11开车的早班车，9:23到达终点站潮汕，也是短途直达车，但上座率较低。调价后，价格成为调节客流的杠杆，对于价格比较敏感但时间冗余较大的旅客，就可以避开高峰时段，选择短途直达车，出行成本反而更低了。而对于出行时间更在意的旅客，就得多掏点钱了。这样的调节，也有利于高铁将短途客流从长途客车中剥离，提高长途高铁的座位使用率，最终增加运输收入。

逐步完善与市场接轨的客运价格浮动体系，是铁路全面深化公司制改革的题中应有之意。从宏观经济层面来看，让客运产品价格在市场规律的作用下随行就市，更好地发挥市场在资源配置中的决定性作用，不仅有利于多种运输方式的合理分工和充分竞争，而且还有利于深入推进供给侧结构性改革，广大人民群众享受更优质的服务，在出行方式选择上有更多的“获得感”。从微观经济层面来看，铁路运输企业根据市场供求关系合理制定各次列车的执行票价，有升有降，逐步构建优质优价、旺季旺价、灵活浮动的票价体系，有利于促进铁路作为综合交通运输体系生力军作用的充分发挥，有利于铁路企业提高市场敏感度、加快融入市场的步伐，有利于改善铁路企业的收入预期与经营环境，提高整个行业对社会资本的吸引力，从而活水养鱼。

三、优化完善国家对铁路公益性运输的补贴机制

企业是社会的细胞，而责任是连接企业与社会之间的纽带，努力实现经济效益和社会效益的有机统一，是企业必须承担的社会责任。铁路作为国民经济的基础设施和大众化交通工具，在经济社会的发展中发挥着重要作用，扮演着不可代替的角色，既需要强调经营性也要兼顾社会公益性。从长期的实际情况来看，铁路企业在自主经营、自负盈亏的同时，承担了许多社会公益性运输，比如学生、伤残军人以及青藏铁路、南疆铁路等关乎国家战略铁路线路的经营亏损。其中，以学生票为例，学生购买普通硬座火车票可以享受半价优惠，普通硬卧票和动车组二等座车票可以享受 7.5 折优惠。铁路企业所承担的这些公益性运输成本支出如果得不到合理补偿，必然会影响企业的自身活力和长远发展，必然会对铁路企业法治化市场化转型形成掣肘。因此，要想真正解决铁路企业承担社会责任与相应支持政策不匹配问题，就必须通过内部深化企业改革，逐步把铁路公益性产品和公益性线路核算显性化、科学化，再通过外部政府政策作用的发挥，研究采取财政补贴等方式完善公益性运输补贴机制，对铁路承担的公益性运输亏损给予适当补偿。

2013 年 8 月 19 日，国务院发布《关于改革铁路投融资体制加快推进铁路建设的意见》指出："铁路是国家重要的基础设施和民生工程，是资源节约型、环境友好型运输方式。今后要建立铁路公益性、政策性运输补贴的制度安排，为社会资本进入铁路创造条件。对于铁路承担的学生、伤残军人、涉农物资和紧急救援等公益性运输任务，以及青藏线、南疆线等有关

公益性铁路的经营亏损，要建立健全核算制度，形成合理的补贴机制”。这样以来，既可以让铁路企业即保证了重点运输，又不会因为承担社会效益而影响企业的生存发展和自身活力。随着时间的推移，我国经济社会的发展还会产生许多新的变化，如何在新的历史条件下进一步优化完善铁路公益性、政策性运输补贴机制，是国家、政府和企业都必须持续关注解决的重要问题。

第三节　全方位打造客运产品分销渠道策略

在大多数情况下，位移服务的生产与消费是同时发生的，服务交易表现为旅客与服务生产者——铁路企业共同参与服务过程，如果旅客不亲自到场服务过程就无法完成。很显然，从渠道结构上来看，这是一种零级渠道，是直销。理发、美容、医疗、培训、餐饮、教育、旅游、洗衣等服务的销售几乎都是直销形式。服务生产者的所在地及其地缘便利性都是影响服务营销效益的重要因素。地缘便利性不仅指实体意义上的便利，还包括传导和接触的其他方式。所以，分销渠道的类型及其涵盖的地区范围都与服务便利性密切相关，因此，研究解决分销渠道的便利性是制定铁路客运产品分销渠道策略的关键和核心。

“十三五”期间，交通运输部提出着力推进落实“互联网＋便捷交通”战略，促进大数据发展和应用，加快构建车联网等。按照交通部规划发展要求，铁路企业要加强信息化设施建设，整合构建面向全国路网、能为客运产品设计、运输组织、营销策划、综合服务全过程提供支撑的决策支持平台，以承载客运组织与客运服务日益综合、复杂、高效、动态的信息服务与智能决策需求。充分发挥运输企业和互联网企业各自优势,鼓励线上线下资源整合,全力打造多层次客运产品分销渠道,为公众提供多元化、高品质客运服务。

【案例 8】 日本多样化的客票销售渠道

日本铁路公司向旅客提供灵活、多样的客票销售方式,包括车站窗口、自动售票机、列车移动终端、互联网、呼叫中心和手机等,有些铁路公司还通过旅行社代销旅游通票。为节约销售成本,日本铁路公司将“减少面对面销售”作为分销策略之一,大力推进自助式售票。各公司网站和一些时刻表网站还为旅客提供各种旅程规划,选择始发、终到、中转站和交通方式后,通过设定里程、费用、旅行时间、二氧化碳排放量等最优目标优先级,制定出多个符合旅客需求的出行方案,方便旅客选择。

一、提高车站窗口售取票效能

铁路客票销售模式是铁路企业面对客票销售的社会需求与过程控制,是综合运用产品、价格、促销、人员、有形展示和服务过程等营销策略,为铁路旅客提供便捷、安全、可靠的信息咨询、预订和发售客票等服务,以实现客运产品交易的一项社会和管理过程。

车站售票厅是铁路客票销售的主渠道之一。受传统观念、购买习惯以及知识水平的影响,部分旅客尤其是欠发达地区和年龄较大的旅客仍然喜欢到火车站售票厅买票。针对这种情况,铁路各车站为减少旅客排队购票的时间成本和精力成本等,必须保证足够的售票窗口数量,重视简化购票流程,提高售票速度。在春运、暑运、黄金周等客运旺季,要及时加开临时售票窗口。同时,由于互联网、手机客户端及电话等方式的火车票预售期较长,导致许多已经在电子渠道购票的旅客临时变更出行计划的概率加大,到车站窗口办理客票退改签的业务量大大增加。这些新的变化需求要求各火车站必须提高预测预判能力,增强市场敏捷性和服务柔性,制定灵活权变的管理运行机制,包括职工培训、人员岗位配置、激励措施等,及时应对客流变化及客票退改签业务量的增减变化。通过合理设置窗口、增开临时售票窗口、24 小时不间断售票等措施提高车站窗口售取票效能,尽最大努力减少旅客排队等候时间和不必要的精力支出,满足旅客能及时方便购票需要,为旅客提供优质服务。

随着科学技术的不断进步和发展,越来越多的自助售票机出现在车站售票大厅。多功能自助售票机是为方便旅客购票并配合 12306 网站、手机客户端及电话等购票方式的取票机。以购票为例,一般情况下,火车票自助售取票机从选择乘车日期—到达站点—选择车次—刷二代身份证—银行卡付款—取票,花费大约 3 分钟,因其方便快捷和良好的用户体验,受到了广大旅客的欢迎和好评。但在自助售票机在使用过程中也暴露出一些问题:有的车站配备的台数较少,不能满足该站的客流需求;有的车站配备的自助售票机台数很多使用率又很低。究其原因主要来自两个方面:一方面是车站缺乏必要的调查研究,对自助售票机具体使用情况并不完全掌握,管理滞后。另一方面是部分旅客不会使用,又得不到车站工作人员的及时指导和帮助,导致窗口买票的旅客队伍排得很长,而自助售票机却无人问津。为此,车站必须经常性地开展调查研究，动态掌握自助售票机的真实使用情况做出投放数量的变化和调整。同时，车站管理人员要随时密切关注售票大厅客流变化情况，大张旗鼓地宣传自助售票机使用的便利性，提高旅客认知度，必要时在自助售票机旁安排服务热情、业务精通的工作人员对旅客加以指导和操作帮助，有效提高自助售票机的使用效率和车站服务水平。

二、优化旅客电子化购票体验

随着网络、电话、手机等订票方式的不断推出，电子化购票以其方便快捷的优势逐渐取代窗口排队购票，已经成为广大旅客购票的主渠道。其中，互联网渠道售票是以互联网为核心，网上订票与按需配送为基础服务的一种模式，其流程为:选定车次—票价—选择支付—确认订单—在线支付。2018 年春运期间，互联网作为售票主渠道作用更加凸显。40 天全国铁路共发送旅客 38 153.9 万人次，其中线上售票占比 77.7%，同比提高 6.8%，手机售票占比 55.3%，同比提高5.4%。

随着高铁陆续成网，高铁和动车组列车不断增开，广大旅客的公交化乘车需求不断增长，对便捷购票也随之提出了新的要求，需要铁路运输企业进一步优化互联网和手机购票服务办法。为此，铁路总公司率先做出调整，将互联网和手机购买火车票的时间由原来的开车前 2 小时以上，扩展至列车开车前 30 分钟以上，为异地上班及临时乘车的旅客随到随走提供了条件，旅客可以在去车站的路途中使用手机购票，出行更加便利。不断优化旅客电子化购票体验，是全面落实落实客运提质计划的根本要求。

首先，适应设施设备技术发展的迫切要求，充分依靠科技进步，广泛采用新技术，强化客运智能化服务网络站舍建设，提升售票智能化水平。

其次，从旅客需求出发，优化互联网购票流程，强化服务功能，创造公平公正的购票环境。

第三，持续加大互联网售票、自动售票机售票、电话和手机订票力度，优化互联网售票时间安排，方便旅客购票乘车。

第四，继续优化和提升线下售取票终端能力，在增加乡镇、社区代售点的同时，扩大自助取票机在各市区覆盖范围，推进自动售(取)票设备进商尝进银行、进社区、进企业，让旅客在家门口就能方便地买票、取票，综合优化旅客电子化购票体验。

第五，转变理念认识、调整工作思路，深入研究大数据在春运售票中的开发和应用，依靠技术创新不断改善旅客购票感受和体验，更多发挥智能客运在铁路高质量发展中的作用，让智能客运成为满足人民美好出行需要的最有力支撑。

三、严格客票代售点选择和管理

越来越多的服务企业利用中介机构分销，这些中介机构就是服务中间商。尽管大多数情况下服务分销采取的是直销的形式，但是有的服务企业，如保险公司、歌舞团、餐厅、医院为了将服务销售给通过直销无法覆盖的顾客，就可能利用服务中间商来分销服务。这种情况下，保证服务中间商分销的服务品质与服务企业直销的服务品质相一致就变得十分困难，除非服务中间商有意愿、有能力复制服务企业直销时的服务品质，服务价值才不会降低。服务分销的这种特殊性与服务的差异性有密切关系，也就是说，即使是供应相同的服务，不同的服务提供者、不同的服务提供场合等都可能导致不同的服务品质。因此，为保证服务品质而对服务中间商的选择和管理十分重要。

随着计算机联网售票系统的不断完善，铁路运输企业的服务中间商——客票代售点逐渐多了起来。客票代售点具有铁路运输企业不具备的市场信息、其他资源和专业技能，大大提高了铁路客票的分销效率和效果，还降低了企业的分销成本、扩大了市场覆盖范围，还降低了市场风险。同时，铁路客票代售点一般设在旅游景点、繁华商业街、居民密集的社区内，为顾客增加了选择空间、带来了便利。

客票代售点由各铁路局集团公司负责客票代办点的布局规划与审批。代理条件是：必须是企业法人，营业范围有工商部门注册登记的铁路客票代理业，注册资金或固定资产不少于 30 万元，流动资金不少于 5 万元。客票代售点与铁路签订客票销售代理合同，缴纳代理押金，车站负责代售点售票人员的培训、计算机售票系统的维护及业务指导，代售点每天向车站上缴客票收入，并遵守铁路相关的规章制度，其收益来自于每张票 5 元的服务费。

客票代售点是铁路面向社会的窗口，也是铁路客票营销宣传的主战场，必须从谋求长远共同利益出发，在客票代售点的选择、激励、评估、修改、退出等方面不断积累经验，提高管理水平，既要保证服务中间商应得的利益，又要保护消费者权益，维护公平公正的购票环境，努力创造出铁路企业、客票代售点和顾客三者利益都最大化的共赢局面。

四、发掘灵活多样的客票分销新模式

在加速市场化转型过程中，铁路运输企业必须在发售往返票的基础上，积极探索发售联票、老人票、旅游票、月票、季票、年票、磁卡票、定额票等多种形式车票，并规定不同程度的优惠供旅客选择，最大程度地便利旅客出行。还可以借鉴国外铁路“周票”“家庭票”等相关经验，让渡一些票价给经常乘车的旅客，增强顾客黏度，稳定更多客源，并以此“削峰平谷”提升列车坐席使用效率。

2016 年有关客流数据分析表明，每月定期来往京津两次以上的旅客已达到 64.6 万人。基于这样的市场调查数据，“津城际同城优惠卡”就此诞生。2017 年 5 月 1 日起，来往京津两地之间的旅客特别是“跨城通勤”一族，可办理使用“津城际同城优惠卡”。持卡旅客乘坐京津城际列车更加便捷，同时可享受到票价优惠的福利，这标志着中国内地第一条城际高铁正式迎来月票制。“京津城际同城优惠卡”分为金卡、银卡两种，金卡乘坐一等座，银卡乘坐二等座；同时推出了 9.5 折、9 折和 8.5 折三个等级的优惠，旅客可根据本人于京津间的出行次数选择购买适合的优惠产品。以金卡为例，按照最高优惠，乘客可以平均每次以 55.7 元的票价乘坐原价为 65.5 元的一等座。其中，票价优惠的部分由铁路运输企业与天津市人民政府共同来分担。持本人“京津城际同城优惠卡”的旅客，除按照规定接受安检以外，无需出示本人身份证件，自助取号后即可刷卡进站乘车，进一步凸显了城际铁路公交化出行的便利。

“京津城际同城优惠卡”的推出，是铁路总公司挖掘京津城际高铁出行优势和潜力，助力京津冀人员交流往来，让广大人民群众共享改革发展红利的又一重要举措。同时，“京津城际同城优惠卡”的推出，也无疑为提高客票分销模式的灵活性起到了良好的示范带动作用。因此，建议兰州局集团公司开行的“兰州—中川机场”的列车积极效仿“京津城际同城优惠卡”的做法，发售优惠卡。一方面，优惠卡能最大限度地为兰州和新区之间的通勤职工提供出行便利和优惠，对加快推动国家级第五个新区建设、人员往来和商贸活动提供交通便利；另一方面，优惠卡可以用低价吸引那些对票价十分敏感的旅客，积极引线上流，从而为铁路与相同区间的公路展开公平竞争、提高经营收入增加了必要的砝码，也为多式联运和空铁零换乘提供了更加广阔的发展空间。

为了同公路竞争短途客流，在一些客流量大的车站，还可效仿民航的做法，在车站内设置绿色通道，发售 30 分钟以内发车的火车票，方便那些来不及去售票厅买票的旅客能够快速购票、通过安检、直接进站上车。

作为地面售票的补充，还可以在列车上使用移动补票终端来办理客票。列车移动补票机通过地面管理机实现与客票销售和预订系统的数据交换，从而实现财务核算、统计分析等功能。列车补票机的使用不仅可以挽回车票收入的流失，提高各席别车票的利用率，而且可以极大地方便由于种种原因没有来得及买票就进站上车的旅客。因此，加快票额智能预分系统和列车移动补票系统建设，提高票额预分和补票工作智能化水平，是发掘灵活多样客票分销模式的技术条件和基础，也是发展智能客运的必然要求。

对于团体销售模式，可以考虑通过“数量折扣”等形式给予他们更大幅度的优惠。虽然原铁道部曾出台《团体旅客购票优惠办法》,但是一般情况下,团体销售对象得到的实际优惠幅度较小。为了鼓励团体客户和VIP客户积极购买火车票,应当尝试建立幅度更大的奖励机制,设法留住这些稳定的客户资源。同时,对这些团体客户和VIP客户购票的支付形式也要考虑有一定折让,不一定每笔都非得现结,也可以借鉴民航售票对于团体客户和VIP客户购票的结算办法,采取以月度、季度或年度等为周期结算办法,增强他们持续团体购买的积极性和稳定性,以谋求铁路企业的长远利益。针对部分商务出行,铁路企业应积极尝试与大型公司签订合同等方式,建立长期合作关系,充分挖掘潜在商务客流。可以试点推出企业卡,通过"凭身份证加企业卡即可乘车"等办法,为大企业高端商务出行简化手续流程,提供优质服务。

另外,还要强化同互联网企业合作,如携程网、途牛网等,利用他们的APP实现融合发展,把订火车票、订酒店、行程安排都在同一个平台整体解决,全方位简化旅客出行手续,多维度创新铁路客运服务。

第四节　多角度实施客运产品促销策略

"酒香不怕巷子深"的时代已经成为过去,取而代之的是"酒香还得勤吆喝",促销必须成为新的市场环境下铁路客运营销的基本策略。从市场营销的角度看,促销是企业通过人员和非人员的方式,沟通企业与消费者之间的信息,引发、刺激消费者的消费欲望和兴趣,使其产生购买行为的活动。促销活动的实质是向消费者传递有关商品和劳务的信息,使消费者了解认识商品和企业。因此,成功地开展促销活动,对于吸引消费者,加速产品销售进程,扩大销售量和利润都有着直接重大作用。

现代市场营销不仅要求企业发展适销对路的产品,制定吸引人的价格,使目标顾客易于获得他们所需要的产品,还要求企业控制其产品在市场上的形象,积极传播有关产品外观、特色、购买条件以及给目标顾客带来的利益等方面的信息。因此,从市场营销理论出发,铁路企业必须高度重视与顾客等公众的广泛沟通,通过多种媒介且有效的信息沟通,努力创造消费和使用客运产品的社会氛围和市场条件,促进经营业绩提升。

与一般产品促销相比较,服务促销带有短期性的特点,最常见的形式是降价或其他变相形式。除此之外,铁路企业可以根据促销的需要,对广告、销售促进、推销及公共关系等各种促销方式进行的适当选择和综合编配,从而形成整体促销策略。

1. 通过广告、公共关系、促销等手段进行外部沟通使旅客全面了解和熟悉客运产品信息,形成服务质量期望。

2. 通过公共关系活动中垂直和水平的企业内部沟通,可以使管理层与职工就服务质量标准和实现外部承诺达成一致的思想共识。

3. 通过客运职工的人员推销、旅客服务交互活动和服务接触的交互活动以及有形展示等交互营销沟通,准确传递出铁路服务的质量信息和服务标准。

【案例9】 长城饭店利用大众传播媒体成功展示组织形象

北京长城饭店是中国最早合资的五星级饭店之一,它之所以能在激烈的竞争中立于不败之地，除了严格的管理和优质的服务外，与它出色的公共关系工作也是分不开的。

1984年4月28日，试营业的长城饭店策划了举世瞩目的宣传性公共关系活动，即美国总统里根访华临别前的盛大答谢宴会。美国最大的三家电视广播公司通过卫星进行实况转播，世界各地的新闻传播媒介也都进行了报道，长城饭店一举扬名，从此宾客如云。接着，长城饭店又举办了北京市副市长证婚的95对新人集体婚礼、颐和园的中秋赏月和十三陵的野外烧烤等专题公共关系活动。此外，该饭店还在情人节、母亲节、圣诞节等节日举办丰富多彩的公共关系活动，如盛大的晚宴时装表演、100对爱侣结婚十周年婚庆、星光下的烧烤晚宴、意大利食品节、员工卡拉OK大赛、长城——连接中国与世界大型文艺晚会等。

1994年4月28日，由中国足球协会和北京广播电视局主办的"登喜路杯"94北京国际足球挑战赛，北京国安队的新闻发布会在长城饭店宴会厅顺利举行，近150位新闻记者参加了会议，并作了报道。为了进一步加强联系，长城饭店公共关系部还配合销售部于1994年5月成立了雪莉俱乐部——各大公司秘书俱乐部，在京的近500家独资、合资企业及大中型企业的秘书们对这一举措表示欢迎。在每季度一次的活动中，饭店通过各种文娱联谊、座谈、交流来达到饭店与各大公司的感情沟通，感谢各大公司客户对长城饭店工作的支持。长城饭店策划举办的各种公共关系活动，加强了饭店与宾客、社区、政府部门、新闻媒介等各界公众的关系，为饭店树立了良好的形象。

启示有三:

(1)公共关系要利用各种媒体宣传组织。长城饭店作为新开业的社会组织,公众并不了解,利用大众传媒可以在短期内提升知名度,而要引起大众传媒的注意,唯有通过媒体感兴趣的事件方能达到。

(2)公共关系的实质在于塑造形象、协调沟通。长城饭店通过诸如集体婚礼、秘书俱乐部等一系列活动,加强并密切了与各类主要目标公众的关系。

(3)创新是公共关系的生命。不怕做不到,就怕想不到。人们都知道世界上的最高山峰,但第二高的山峰恐怕鲜为人知,长城饭店成功之处还在于做别人从未做过的事。

一、重视广告扩大客运产品宣传

广告是由明确的发起者以公开支付费用的做法,以非人员的任何形式,对产品、服务或某项行动的意见和想法等的介绍,主要作用是提供信息、诱导购买、提醒使用等。

服务不可储存的特点和服务业供给能力短期内刚性较强的特点,都使得服务企业在短期内平衡服务需求和供给能力面临压力,而广告促销在缓解这种压力时的作用比较明显。广告促销是一种面对广大旅客的直接沟通,主要目的是影响旅客购买服务的时间和接受新服务的时间。相对于有形产品广告,服务广告传递信息有其特殊性。服务广告往往突出价格、保证、业绩证明和可获得性(时间、地点和获取方式)四个方面的信息,这些信息都直接或间接地降低了顾客风险感知,提高了服务价值感受。

旅客对客运新产品的认知都需要一个过程,而广告宣传是客运营销的第一步。受到传统思维方式、经营模式的影响和制约，铁路企业对客运产品广告的重视程度和宣传力度还不够，无法完全满足广大旅客迅速、准确地了解旅客列车的种类、票价、购买方法、供应情况、运行时间、运行地点和基本服务内容等方面的诉求。因此，当部分客运新产品推向市场的时候，社会公众对铁路企业的新产品认知度较低，购买服务的积极性、主动性和热情不是很高，导致一些线路和客运产品除春运、暑运和节假日外，其他时间不能实现满负荷运输。面对新的经营压力和市场环境，迫切需铁路企业放下“铁老大”的架子，拿出“店小二”的姿态，超前思考、提前谋划，委托有专业资质的广告传媒公司制作广告，并选择有权威性和影响力的地方电视台、报纸、网络等大众传播媒体，将新推出客运产品的特点、价格、供应情况、运行时间等内容进行广泛宣传，促使社会公众对客运产品由不知转为知道，从知之甚少到知之较多，逐步扩大旅客对客运产品的认知度，努力营造客运营销氛围，促使旅客在选择购买位移服务时，将铁路客运新产品纳入其选择范围，引导客流上量，从而增强用市场手段闯市场、用经济手段创效益的本领，加快把铁路运输企业塑造成适应经济社会发展要求的市场竞争主体和法人实体。

二、重视客户关系管理促进客运产品销售

客户关系管理是指企业为提高核心竞争力，利用相应的信息技术以及互联网技术来协调企业与顾客间在营销和服务上的交互，从而提升其管理方式，向客户提供个性化服务的过程。客户关系管理的最终目标是吸引新客户、保留老客户并将已有客户转为忠实客户，进而增加市场份额。客户关系管

理的核心是通过对客户详细资料的深入分析，有针对性地提高客户满意度，从而提高企业竞争力。

12306 网站不仅是中国铁路客户服务中心网站和铁路服务客户的重要窗口，同时也是蕴含丰富客户资源的巨大信息库。因此，铁路企业加强客户关系管理就需要深度发掘 12306 网站所沉淀下来的客户资源，为下一步采取不同的营销组合和营销策略做好基础性工作。

1. 运用大数据技术把旅客按照探亲、商务、旅游等群体进行分类统计，借鉴民航的做法和经验——建立旅客电子档案，为客运市场细分做好基础信息工作。

2. 以乘车次数或金额为标准，通过公里积分数形成银卡、金卡、钻石卡等客户群，分别给与不同的优惠政策，培养旅客忠诚。

3. 确定相对固定的营销管理人员专门负责定期分析、维护客户工作，落实好“铁路畅行”常旅客积分办法，增强“顾客黏度”。

4. 积极拓展客户关系管理内涵，借鉴知名电子商务企业的运营模式，整合社会范围内的酒店、旅游、餐饮等资源，增加保险销售、客票送达等服务，满足高端客户一站式服务诉求。

5. 加强与地方政府合作，利用当地各类商业资源，例如土特产展销会、各类博览会等商业活动，推出如持商务座车票既可出入各种会场、入住商务酒店可享受会员价折扣、在当地高端旅游景点享受 VIP 服务等，诱导商务客流产生，促进客运收入增加。

三、做好公众关系促进客运产品销售

作为促销组合的重要组成,公共关系的职能是评估社会公众的态度,确认与公众利益相符合的政策与程序,拟定并执行各种行动方案以优化组织内外环境,塑造组织良好的社会形象,争取社会公众的理解与接受,努力增强组织的竞争与发展能力。

铁路企业公共关系目的是促使公众了解客运产品和企业形象,并通过与公众的双向沟通,改善或转变公众对铁路企业的态度。与其他沟通与促销手段相比,公共关系一般难以起到立竿见影的效果,它往往立足于企业长远目标,通过长期的公关努力来影响或引导公众认知和态度。作为一门经营管理艺术,公共关系对内而言是尽力避免各种摩擦的产生,做好上情下达与下情上达工作,并为各职能部门之间的沟通当好"桥梁",借助情感沟通和心理认同,增强铁路企业的内部凝聚力。对外而言,铁路企业要积极争取社会公众对企业的理解和信任,一旦出现矛盾和纠纷,应设法及时与社会公众进行有效的沟通,防止矛盾扩大,消除不良后果。具体说来,要做好以下几方面的工作:

首先,密切监测公众舆论环境和变化。舆情监测是指整合互联网信息采集技术及信息智能处理技术,通过对互联网等新闻媒体的海量信息自动抓取、自动分类聚类、主题检测、专题聚焦,实现用户的网络舆情监测和新闻专题追踪等信息需求,形成简报、报告、图表等分析结果,为企业全面掌握公众思想动态和做出正确舆论引导提供分析依据。在现代企业经营管理中,正确的决策已成为组织生存与发展的首要前提,而

正确的决策取决于对企业内外环境的监测。铁路运输企业所处的社会和经济环境复杂多变，要适应这种环境，就必须严密地观察环境，对环境变化做出科学的预测、分析、评价与研究，保持清醒的头脑和敏锐的感觉，为决策提供合理的咨询建议，真正帮助决策者弄清和掌握其在决策过程中所面临的不确定因素和信息，弄清和处理好与其相关的各种关系。例如，铁路运输企业可以通过舆论监测等方式来收集企业内部与外部环境的变化信息，及时了解公众对客运产品的态度、意见和建议，准确把握民航、公路等竞争者的动向及其给本企业可能造成的各种影响。同时，充分发挥联网联控系统、移动互联平台在信息资源和数据采集等方面的突出优势，利用大数据分析方法对铁路企业内外部数据资源进行整合对接，以 12306 网站为基础平台，优化线网布局和客运资源配置，积极开发融商业招商、投诉受理、信息发布、数据采集、交流互动、价格决策等为一体的多功能、智能化网站，使 12306 网站成为决策、创效、交流的数据平台。在此基础上，从社会公众立场出发，对各职能部门的决策目标进行综合评价，敦促企业有关部门或决策层，依据公众需求和社会价值及时修正可能导致不良社会后果的决策目标，使下一步决策目标既能反映铁路企业自身发展需要，又能反映当前社会公众需求。

其次，加大对社会公众的信息传播和宣传。一方面，铁路企业要大力发展"互联网＋"相关业务，依托互联网等新一代信息技术，建立完善多渠道、多方式、交互式、体验式的出行信息服务系统，创新服务模式，优化服务流程，完善服务举措，着力开发基于智能手机系统的客运服务 APP 系统，为广大旅客提供出行计划提前预定、换乘信息动态发布、旅行知识便利查询、出行服务专属定制等多层次、个性化、精准化的出行服务。另一方面，适应网络时代产品更新换代加快、消费行为变快、市场竞争加剧的新形势，着力在研究客运营销新理念、新方式、新介质上下功夫。主动走出去，和腾讯、优酷、爱奇艺等一线传媒网站组成战略协作联盟，形成客运营销的强大声势和组合效应，推动客运营销高度自动化、网络化、情感化，在拨动旅客心弦、调动旅客情感中形成良好的营销宣传效应，从而不断提升客运产品的辐射力和影响力。

最后，主动消除社会公众的误解和质疑。2017 年 1 月 10 日新浪财经的一篇报道——《从兰新高铁没人坐看铁路供给侧改革》中写道："一年一度春运又至，当广州到武汉的高铁票早就连站票都抢不到时，可是，在兰州开往乌鲁木齐的高铁线上，每天还有近 500 张卖不出去的火车票……"

针对媒体和公众的这些舆论，铁路企业在不悦、质疑和商榷的同时，更加有效而迫切的工作是在思想上、组织上予以高度重视，及时发声。在新的社会舆论环境下，铁路企业需要充分发掘和拓展宣传部门的公共关系职能，综合调动各种媒体和传播沟通手段，及时向公众说明出现报道中所述现象的主客观因素并给予主流和专业解读，主动保持与社会公众之间的良好互动和沟通，在消除不必须要误会和质疑的基础上争取广大公众的理解支持，积极维护客运产品和铁路企业形象。

兰新高铁是一条横贯中国西北甘肃、青海、新疆三省区的铁路大动脉。由兰州西站始发，经青海西宁站，甘肃张掖、酒泉、嘉峪关站，新疆哈密、吐鲁番站，到达乌鲁木齐站，共设 31 个车站，设计时速 250 公里。之所以出现上述文章中提到的现象，主要有以下几个因素：

1. 列车全程运行时间较长，影响了旅客的购买意愿。兰新高铁2014年12月26日正式通车后，兰州西到乌鲁木齐运行时间约11小时30分钟。而武广高铁最高运营时速可达到394公里，武汉到广州3个小时便可到达，有非常大的时间优势和速度优势。

2. 区域经济发展水平和居民收入水平较低，限制了旅客的购买力。甘肃、青海、新疆三省区都地处偏远落后地区，城镇居民人均可支配收入都处于全国最低水平，严重制约着旅客消费铁路客运产品的社会购买力，尤其是像兰新高铁这样的高端客运产品。（兰新高铁的一等票价658元，二等票价548.5元）

3. 人口数量等主要社会环境因素影响了铁路客运市场的规模。甘肃、新疆、青海三省区人口不但少而且人口密度小，严重影响了兰新高铁的市场规模和市场潜量，无法和泛珠江三角洲的人口规模相互比较。截至2017年底，甘肃常住人口2 625.71万、新疆常住人口2 444.67万、青海常住人口598.38万。而广东省常住人口就达到11 169万，几乎是甘肃、新疆、青海三省区人口之和的二倍。

4. 兰新高铁的社会公益性更加凸出。无论是从契合国家“一带一路”建设需要，协调我国经济社会发展不平衡不充分出发，还是从国家安全战略层面考量，兰新高铁的建设及运营意义都不可小觑，不能仅仅用单一的经济效益指标加以衡量，评说是非。

当然，在与社会公众进行充分沟通的同时，铁路企业更为重要的工作是苦练内功，要在“客运提质”上狠下功夫。通过“强基达标，提质增效”来充分挖掘高铁运输潜能，进一步优化列车开行方案、提高速度，竭力压缩兰州至乌鲁木齐的运行时间，最大限度地释放客运能力，快速提升兰新高铁运营品质，拉近沿线各城市间的距离，增强同城效应，助推我国东西部区域经济社会协调发展和“一带一路”建设。同时，千方百计加大对兰新高铁客运产品的广告宣传力度，提市场知名度和社会认可度。有效增加兰新高铁客运附加产品，通过系列化、个性化增值服务放大产品总价值，提升产品自身吸引力，并根据淡季和下行返程客流较少的实际情况灵活运用价格策略，采取打折、降价、让利等方式吸引客流，逐步扩大兰新高铁客运产品销售量。

四、大力实施客运品牌促销策略

品牌是指能为顾客提供其认为值得购买的功能利益及附加价值的产品。美国市场营销协会对品牌的定义是：品牌是一种名称、术语、标记、符号或设计，或是它们的组合，其目的是借以辨认某个销售者，或某群销售者的产品及服务，并使之与竞争对手的产品和服务区别开来。品牌实质上代表着卖者对交付给买者的产品特征、利益和服务的一贯性的承诺。

行为学家曾经总结了消费者在消费过程中可能遇到的六种风险：功能风险，产品性能达不到消费者预期；生理风险，产品对消费者的安全和健康造成危害；财务风险，产品并非物有所值；社交风险，产品导致消费者在大众面前难堪；心理风险，产品使消费者感到内疚或是不负责任；时间风险，产品不好，使得消费者要付出再次选择另一个品牌的机会成本。行为学家通过研究和实证分析得出结论：降低以上这六种风险的最好办法就是创建自己的产品品牌！

对现代企业来说，品牌日益成为生存和成功的核心要素之一，品牌最持久的含义是其价值、文化和个性，强势品牌更是意味着市场地位和利润。可口可乐公司总裁伍德拉夫曾经扬言："即使我的工厂在一夜之间烧光，只要我的品牌还在，我们就能够迅速恢复生产，再造一个新的可口可乐公司"。作为企业的无形资产，品牌本身不具有独立的实体，不占有空间，但它最原始的目的就是让人们通过一个容易记忆的形式来记住某一产品。

1. 铁路客运品牌建设意义重大

第一，品牌有助于铁路客运产品的销售和占领市场。客运产品品牌一旦有了知名度和美誉度，铁路企业就可利用品牌优势扩大市场份额，促使旅客形成品牌忠诚。

第二，品牌有助于铁路客运市场细分，进而进行市场定位。品牌都有自己的独特风格，除有助于销售外，还有利于铁路企业进行市场细分，并在不同的细分市场推出不同品牌以适应旅客的多样、个性和差异，更好地满足旅客需求。

第三，品牌有助于抵御竞争者的攻击，保持竞争优势。客运品牌作为企业特有资产，不但可通过注册使企业得到法律保护，而且当市场趋向成熟、市场份额相对稳定时，品牌忠诚还是铁路运输企业保持竞争优势的强有力工具，是抵御民航、公路等竞争对手的最有力武器。

第四，品牌是一张需要付出额外支出的许可证，有助于铁路客运产品的价格浮动和调整。品牌是企业的无形资产，它所包含的价值、个性、品质等特征，都能给产品带来重要的附加价值。

由于品牌能满足消费者特殊的心理需要而给他们带来额

外的利益，由此品牌客运产品能在市场上产生溢价和增值，为企业带来更多效益和利润，即使是相同区间的客运产品产品，贴上不同的品牌标志，也会产生悬殊的市场价格。从需求弹性理论来看，品牌客运产品在涨价时的需求弹性较小，在降价时的需求弹性较大。由此可见，品牌客运产品为铁路企业通过价格策略调整获得更大的经营效益提供了基础条件。这也是铁路总公司提出抓好“复兴号”品牌战略，全面提升铁路供给质量、持续扩大铁路客运输市场份额的基本出发点。

2. 全面贯彻落实“复兴号”品牌战略

品牌是企业和消费者之间坚韧的关系纽带，是创造注意力的最佳途径。中国高铁既是“国家名片”，又展示了“中国方案”。在决胜全面建成小康社会、实现中华民族伟大复兴中国梦的重要历史节点，铁路总公司党组深切感受时代的召唤、历史的责任，决定将我国自行设计制造的中国标准动车组正式命名“复兴号”。作为铁路总公司三大举措之一，全面落实“复兴号”品牌战略，就是要在铁路企业内部上上下下牢固树立“品牌就是价值、品牌就是市场、品牌就是效益”的经营理念，以更高的水准、更宽的眼界、更实的举措，精心培育和打造蕴含丰富文化内涵、思想内涵和时代内涵的“复兴号”客运品牌，并以此为标杆带动铁路企业安全、技术、装备、质量、服务、管理、效益等方面提升，不断深化供给侧结构性改革，全面提高铁路供给质量，持续扩大铁路客运输市场份额。

从当前铁路企业实际情况来看，必须从理论出发，从中找出对“复兴号”品牌建设行之有效的指导思想和方法，进一步理清工作方向和基本着眼点，分出轻重缓急，有重点、有步骤地实施推进。“复兴号”品牌战略是系统工程，只有通过对品牌理念、行为、视觉全方位的标准化、规范化，才能使品牌具备特有性、价值性和长期性。因此，贯彻落实“复兴号”品牌战略需要系统思考、内外兼修，既要把表面文章做足、做好，更需要铁路企业全员、全面、全程的努力，扎扎实实地苦练内功。

(1)全力打造“复兴号”品牌理念识别系统。

品牌理念是鼓舞铁路全体职工实现企业目标的精神动力，是铁路企业文化最高境界的生动体现。因此，“复兴号”品牌战略的首要工作是重视对品牌理念的个性化归纳、提炼和阐发，深挖品牌的文化内涵、思想内涵和时代内涵，彰显品牌特有价值，促进品牌对全系统工作的全面引领。

“复兴”两字虽短，但意境悠长。在万里铁道线上驰骋的“复兴号”，真实记载了中国高铁技术装备走向世界先进行列的发展历程，充分展示了中国铁路服务经济社会发展、创造人民生活新时空的美好愿景，深情寄托着中国铁路人对中华民族伟大复兴的追求和期盼，彰显了“交通强国，铁路先行”的企业使命，充分体现了新时代铁路人勇当先行的担当作为精神和时代风貌。全力打造“复兴号”品牌理念识别系统的题中应有之义，就是要重视发挥“复兴号”品牌理念在铁路企业文化培育中的主导作用和引领作用，以品牌感召力带动铁路企业在工作理念、工作标准、客运服务质量等方面获得全面升级。

(2)全力打造“复兴号”品牌行为识别系统。

行为识别就是铁路企业各部门、各岗位上的行为规范和行为模式，是企业安全、有序、高效运行的全部制度和规程。铁路企业各级管理者必须在思想上明确：“复兴号”品牌仅凭传播过程“说”得好听还不行，还必须在实际中“做”得好才行。全面落实“复兴号”品牌战略，就是要铁路人添光彩、当先行。

①要始终坚守发展决不能以牺牲安全为代价的红线,全面落实安全主体责任,强基达标,全力构建“三位一体”安全保障体系,确保铁路特别是高铁和旅客安全持续稳定。

②以落实“复兴号”品牌战略为抓手,通过对涉及安全、质量、服务等行为识别系统进一步标准化和规范化,完善以旅客需求为导向的服务流程,注重过程与效果相结合,抓实品牌打造每个细节、每项流程,实现过程达标、整体创优,以此带动铁路企业运输质量和服务质量的全面提升。

(3)全力打造“复兴号”品牌视觉识别系统。

现代营销学之父科特勒认为,品牌是用以识别某个销售者或某群销售者的产品,并使之与竞争对手的产品区别开来的商业名称及其标志,通常由文字、标记、符号、图案和颜色等要素或这些要素的组合构成。信息爆炸时代,大众对信息的接受模式是:遗忘和过滤99%,只记住1%。因此,无论是视觉符号还是听觉符号,其设计宗旨都要以强烈的感观冲击、精确的概念传达、独特的记忆识别作为核心。品牌标识作为出现频率最高的视觉传达要素,对其设计水平、审美价值和市场认知都提出了较高的要求。

铁路企业在对我国自行设计制造的中国标准动车组正式命名为“复兴号”后,要进一步打造“复兴号”品牌视觉识别系统,聘请专业的团队对品牌进行深度包装,以此强化“复兴号”品牌独特的识别功能和认知功能,不断提升“复兴号”品牌在全社会的知名度和美誉度。

3. 加大对客运品牌的广告宣传力度

铁路企业要增强市场意识和传播意识,借助报纸、电视、网络等大众传播媒体,对客运品牌进行广泛的广告宣传。通过广告宣传，让旅客得到更多的复兴号品牌列车信息，加深对品牌的认知程度，形成品牌忠诚。还要用好用活微信、微博等自媒体对复兴号品牌进行宣传报道，既要“嗓门大”，又要“声音动听”。同时，充分整合社会传播资源，重视公关传播与广告传播同行。一方面，要增强广告在客运品牌塑造过程中的关键作用，特别要集中在信息告知上，如客运品牌信息发布、服务活动发布等，做好铁路企业向社会公众的单向沟通。另一方面，客运品牌需要广泛的市场认知、需要大众的良好口碑，而口碑的形成，双向沟通（公关传播）比单向沟通（广告传播）更有效。因此，要紧紧围绕复兴号品牌把活动传播、事件传播、新闻传播、人际传播等工作做好。在此基础上，铁路企业还应增强法律意识和依法治企本领，通过申请外观设计专利、注册商标等方式对客运品牌采取必要的法律保护措施，在法治化转型过程中迈出坚实一步。

总之，客运品牌建设是长期的、复杂的和极富创造性的工作，不可能立竿见影。特别是铁路作为刚刚走向市场的运输服务企业，不仅在营销环境、顾客需求、品牌建设等方面缺乏应有的知识、经验和人才，而且“大联动机”运营的整合协调性、位移产品提供的多工种联合性，都从客观上加剧了客运品牌建设的长期性和复杂性，不仅需要我们持续关注、不断改进，还需要充分调动机车、车辆、工务、供电、调度等所有“后厂”单位和各管理层形成合力，为保证良好的品牌质量形成合力、持续优化。客运品牌作为企业发展战略，还必须融人客运服务质量管理和铁路企业文化建设的总体规划之中，系统思考、循序渐进、全面深化。

第五节　重视发挥好服务人员在客运营销中的作用

服务企业中担任生产或操作性角色的人员，在顾客看来其实就是服务产品的一部分，其贡献也和其他销售人员相同。大多数服务企业的共同特点是操作人员承担服务表现和服务销售双重任务，要求市场营销管理者必须和作业管理者协调合作，尤其是要和那些与顾客有“高接触度”的服务人员协调配合。因此，服务企业营销管理者必须高度重视对服务人员即职工严格进行挑选、培训、激励和控制。

【案例 10】　服务人员价值的素质体现

日本东京一家贸易公司的一位秘书小姐，专门负责为客商购买火车票。客商中有一位德国人，是一家大公司的商务经理，经常请她帮忙购买来往于东京和大阪之间的火车票。不久，这位经理就发现了一个有趣的现象：每次去大阪时，他的座位总在右窗边，返回东京时座位又总在左窗边。当这位经理问秘书小姐为什么这么做时，秘书小姐笑着回答：“火车去大阪时，富士山在您的右边；返回东京时，富士山又到了您的左边。我想，外国人都喜欢日本富士山的壮丽景色，所以我替您买了不同位置的车票。”德国人听了大受感动，他想：“对这么微不足道的小事，这家公司的职员都能想得这么周到，那么，跟他们做生意还有什么不放心的呢?”于是，他决定把同这家日本公司的贸易额由原来的每年 400 万马克直接提高到了 1 200 万马克。

一、铁路客运服务人员及其营销职能

服务人员是指在一定范围内为顾客提供必要服务的人

员，如餐厅服务员、银行柜台服务员、飞机乘务员和列车乘务员等。他们经过严格的挑选、训练，具备一定的服务技能，有明确的分工，在各自的岗位上对顾客提供服务。在铁路企业中，服务人员是客运营销的主体，在服务营销过程中的重要作用十分突出。

1. 客运服务人员是服务营销的人格化表现

由于位移服务是无形的，所以服务提供者——铁路客运职工就成了服务产品中少数有形的要素之一，甚至可以说，客运服务人员就是铁路企业客运服务的化身，其行为、素质和形象代表着服务机构——铁路企业。

(1)客运服务人员的仪表、言行，社交和服务技能，都会直接影响旅客对服务产品和铁路企业的整体评价。

(2)一个高素质的客运服务人员，能够弥补由于物质条件不足而可能会使旅客产生的缺憾感，而素质较差的客运服务人员则不仅不能充分发挥铁路运输企业拥有的物质设施优势，还可能成为旅客拒绝再次消费铁路企业服务的主要因素。

(3)服务营销的特殊性，决定了客运服务人员又是铁路运输企业的营销人员，在客运服务提供过程中，服务产品的宣传、介绍、销售及顾客关系的建立等等都与客运服务人员直接相关。

2. 客运服务人员是影响旅客满意度的关键因素

在与旅客的接触中，铁路客运服务人员的仪表、言行、沟通能力、服务态度和服务技能等直接影响服务质量。因此，为保证服务质量，铁路企业必须要求客运服务人员在工作中要做到可靠性、反应性、保证性和信誉、关怀性、有形性。

(1)可靠性：客运服务人员在全部服务过程中要诚实、

可靠。

(2)反应性:客运服务人员能够头脑灵活、反应较快地及时发现旅客需求。

(3)保证性和信誉:客运服务人员能以过硬的业务能力和信用为旅客提供优质服务。

(4)关怀性:客运服务人员热情和富有同情心地为旅客服务才能提高服务质量。

(5)有形性:客运服务人员的仪表、穿着打扮、表情姿势、动作等应该符合铁路客运职业规范,以此提高旅客对铁路客运服务质量的良好感知。

在提供位移服务的过程中,作为服务主体的客运服务人员是不可或缺的因素,尽管有些服务可由机器设备代替人来提供,如自动售票机、自动检票闸机等,但在与旅客有"高接触度"的过程中,客运服务人员的至关重要性可见一斑。一方面,高素质的、符合职业规范要求的客运服务人员是提供服务必不可少的条件;另一方面,客运服务人员的表现又是决定旅客对服务满意程度的关键因素。就铁路客运产品质量来看,其内涵丰富,不仅体现在安全、服务、价格、品牌和管理等运输生产经营的各个环节上,更重要的还体现在人员价值上。

一个优秀的客运职工往往会创造出更多的满意顾客,进而为企业创造出市场。铁路企业必须高度重视客运服务人员综合素质与能力的培养,加强对客运职工日常工作的激励、监督与管理,使其保持较高的工作质量与水平,这对铁路企业来说至关重要。因此,必须通过切实有效的培训教育和激励手段让每位客运职工都能从思想深处认识到:旅客是我们的衣食父母!提高服务质量是增加企业经济效益、改善职工工资福利待遇的根本源泉，是拓展铁路客运市场的根本需要，是广大消费者和经济社会对铁路企业的本质要求。

二、积极培养塑造满意的客运服务人员

任何服务都是由服务人员创造和传递给顾客的，服务人员是实施服务的主体。因此，要创造满意的旅客就必须首先培养塑造满意的客运服务职工。客运职工是铁路企业创造营销绩效的起点之一，能否塑造好、管理好直接与顾客接触的客运服务人员，提高他们的满意度和忠诚度，决定了铁路企业的盈利水平和发展潜力。伴随现代企业管理水平的不断发展，企业正在从传统的侧重机构组织的硬管理，向教育、培训和提高职工的归属感的软管理转变。培养职工的归属感、提高职工素质已经成为企业竞争战略的重要组成部分。

1. 改善企业内部环境提高客运职工满意度

影响职工满意度的主要因素包括两个方面：一方面是薪金、提成、福利和舒适的工作环境等；另一方面是职工对企业以及对同事所持有的态度和感情，比如，职工对工作本身满意、同事之间关系融洽等等都是职工满意度的重要影响因素。其中，职工对工作本身满意与否取决于其完成预定目标的能力。由于职工自我价值的实现既以能力为基础，又以享有的权利作为保障，因此，当职工具备了上述两项条件时，自然会因为达到了预期目标而对工作满意、对企业满意，并最终对企业忠诚。同时，职工之间的关系也在很大程度上决定了企业内在服务质量的高低。

(1)职工之间的人际关系状态。如果同事之间能维系一种和谐、平等、相互尊敬的关系，那么心情就会愉快，在这样的

人际关系环境中工作，职工的满意度比较高。

(2)职工之间的相互服务和合作水平。从某种意义上说，企业每位职工所做的工作实质上都是在为其他职工服务，而在相互服务过程中，团队精神与合作态度就显得尤为重要。

铁路企业必须通过管理和服务努力，千方百计地在企业内部倡导和营造公平、公众、公开的文化氛围和良好的人际关系环境，不断提升内部职工的满意度，只有职工满意了才能创造出满意的旅客。

2. 通过企业内部营销提高客运职工满意度

考虑到人的因素在服务营销中的重要性，瑞典市场营销学专家格隆鲁斯提出，服务企业的营销实际上由三个部分组成：

(1)外部营销，包括企业服务提供的服务准备、定价、促销、分销等内容。

(2)互动营销，主要强调职工向顾客提供服务的技能和交互。

(3)内部营销，指企业通过培训职工以及为促使职工更好地向顾客提供服务而进行的其他各项管理工作。通过内部营销能够满足职工需求，进而吸引、发展、刺激和保留能够胜任的职工。说到底，企业内部营销是一种把职工当成消费者、取悦职工的哲学。

格隆鲁斯提出的内部营销理论的实质，是强调企业要将职工放在管理的中心地位，使职工认同企业的价值观、接受企业的组织文化，通过提供令职工满意的各项服务，促使职工为企业更好地服务。因此，提高客运职工满意度就成为了铁路企业内部营销的核心。提高客运职工满意度的前提，是了解他们的情感和需求，只有真正了解客运职工的情感和需求，才能实施所谓真正有效的管理。

首先，可以借鉴外部营销调研的成熟方法和技巧并应用于内部营销，如实地观察法、一对一访谈、专题讨论、问卷调查等，建立客运职工档案，了解职工的基本情况，如技能特长、情绪、信仰、价值观等，还要了解职工对企业的态度、对管理者的评价和期望、对内部服务质量的要求、对企业产品和服务的看法及建议等。

其次，在内部营销中想处理好人的因素，还要求铁路企业必须根据服务的特点、服务过程的需要等进行企业内部人力资源的管理和开发，合理调配一线职工和后勤人员。旅客对铁路企业服务质量评价的一个重要因素是一线职工的服务素质和能力，因此必须做好职工的挑选和培训工作。

最后，在形成并保持素质一流、服务质量一流的一线职工队伍的同时，铁路企业要加强管理和教育，想方设法引导内部二线、三线职工队伍都围绕着“为一线职工队伍的优质服务提供更好的条件”这一中心展开。只有这样，才能使一线职工为旅客提供更加热情周到的服务，并通过较高的服务质量赢得旅客对铁路企业的忠诚。

三、培训开发优秀客运服务人员

早在 20 世纪 60 年代，美国经济学家西奥多·舒尔茨就统计得出结论：美国 1900—1957 年间，物质资本投资增加 4.5 倍，产生的利润为原来的 3.5 倍；教育投资增加 8.5 倍，产生的利润则为原来的 17.5 倍，由此可见，人力资本投资效益远远高于物质方面的投资效益。

随着经济社会的发展和科技进步，人才队伍越来越成为一个行业、一个企业综合实力和市场竞争力的决定性因素，人力资源越来越成为推动企业改革发展的战略性资源，有没有一支专业化、职业化的职工队伍，日益成为制约企业生存发展的关键性因素。在这样的时代背景下，把加快专业化、职业化客运队伍建设作为铁路企业的突出任务，提上议事日程，纳入工作规划，是大势所趋。作为打基础、谋长远的关键工作，建设一支"数量充足、素质过硬、技能精湛、形象良好"的客运职工队伍必须抓紧抓实抓好。

作为人力资源开发的主要形式——服务人员培训，是指企业为满足开展服务业务及培育人才的需要，采用各种方式对服务人员进行有目的、有计划的培养和训练的管理活动，其目标是使服务人员不断更新知识，拓展技能，改进工作的态度和行为，使其能更好地胜任现职工作或担负更高级别的职务，从而促进服务组织效率的提高和服务组织目标的实现。企业人力资源开发的过程其实就是提升企业综合竞争力的过程。在科学技术迅猛发展的今天，知识更新加快，只有不断提高职工队伍素质，才能适应现代生产技术对人力资源水平不断提高的要求。

就铁路企业而言，对客运职工教育培训得越充分，就越能提高职工素质，越能增强企业对职工的吸引力，越能发挥人力资源的高增值性，为企业创造更多更好的效益。

首先，铁路企业要坚持服务发展、人才优先、以用为本的指导方针，全面实施客运人才培育重点工程。以高层次人才、高技能实用人才、高素质管理人才及有关重点领域急需紧缺人才为重点，强化优秀拔尖人才的培养，优化人才结构，提升人才素质，强化人才使用与激励机制建设，打造一批高水平服务团队、创新团队、管理团队。

其次，铁路局集团公司、站段和车队（间）分层制订培训计划，大力开展理论、实作培训。坚持军事化塑形达标、航空化礼仪服务、高标准选拔人员，加强职业道德、职业操守、职业素养、职业纪律等方面的大教育，开展针对性、常态化的业务大培训，全面打造一支过硬的专业化、职业化队伍。

最后，依托铁路院校以短期培训、远程继续教育等多种培养手段，加大对铁路客运一线职工的教育培养，重点建设一批客运人才培养基地、实习基地，储备和造就一支政治思想坚定、责任心强、业务水平突出、职业素养过硬的客运职工队伍，为发展现代铁路客运提供人才保障和智力支持。

1. 培训必须突出“管用”和“实用”。

坚持“缺什么学什么、差什么练什么”的原则，突出职业道德教育和实作技能训练，体现教育培训的全员性、专业性、职业性。采取“请进来、走出去，开放式、反思式”培训方式，做到时时培训、事事培训、处处培训。广泛运用小组讨论、案例分析、现场实作、以会代训、角色扮演、寓教于乐等形式，激发全员学习热情，拓宽知识领域，强化解决实际问题的能力。积极开展职工技术比武、岗位练兵和劳务派遣工岗位技能职业培训活动，以赛促训、赛训结合，大力营造学业务、强技能、练硬功的良好氛围。

为了保证对客运服务人员的培训方向不偏离铁路企业的预订目标，就必须贯彻理论联系实际的原则，从铁路客运工作实际需要出发，紧密结合职位特点，有针对性地进行人力资源的开发。同时，铁路企业培训还必须与培训对象的年龄结构、知识结构、能力结构、思想状况、岗位需要以及能力短板等相适应,建立短期集中提升计划和中长期全员轮训计划,分批次组织实施学习培训,使全员熟练掌握岗位专业知识。要坚持实践导向和基层导向,用好现场锻炼这个生动课堂,多岗锻炼这个重要途径,挂职锻炼这个重要平台,让广大职工在推动发展中担重任、挑大梁、受历练,在实践考验中经风雨、见世面、长本领。只有这样,培训才能收到实效。要从提高能力入手,了解客运职工队伍的现状与短板,突出精准培训这个基础、实践锻炼这个关键、优化配备这个抓手,培养造就一支具有发展战略眼光、市场开拓精神、管理创新能力的现代客运职工队伍。

2. 培训必须兼顾"技能"与"文化"

客运职工培训是铁路企业人力资源管理与开发的重要内容。经常性地开展客运职工培训能有效促进铁路企业各级管理层与客运职工之间、职工与职工之间的双向沟通,增强企业的向心力和凝聚力,塑造优秀的企业文化,有助于铁路企业不断适应客运市场变化,增强竞争优势,培养后备力量,保持企业活力和生命力。

对客运职工的培训,既要给职工传授其完成本职工作所必需的基本技能,又要有理想、信念、价值观、道德观等方面的培训内容,从而把技能培训与企业目标、企业文化、企业制度、企业优良传统等结合起来,使客运职工在各方面都能够符合企业的要求。

(1)要经常性开展客运职工技能竞赛活动,结合日常性的全员岗位技能达标练兵,来激发职工学技练兵的热情,培育职工队伍精益求精的态度,选拔和打造一批精通业务、胜任客运服务的尖兵。

(2)客运职工培训还要以弘扬新时期铁路精神为重点,通过宣传教育、岗位承诺、典型引领、价值引导及交流互动等各种方式,抓好客运职工队伍的精神理念塑造和职业道德教育,引导职工爱岗敬业、忠于职守,鼓励职工高标准、高质量地做好服务工作,努力实现从尽职尽责到尽善尽美、从合格到卓越的提升跨越。

(3)要突出抓好客运职场文化建设,广泛借鉴现代企业经营管理理念,着力改善客运职场硬件设施,不断丰富客运职场文化内涵,大力优化客运职业环境氛围,通过发挥文化在熏陶人、感染人方面的作用,影响和提升客运职工的言谈举止、行为习惯、道德修养,促使他们能以良好的职业形象积极投身到客运服务的岗位工作之中。

3. 培训必须兼顾“运用结果”与“反馈”

朝着学习型组织的方向发展是现代企业的普遍发展趋势,只有设计出与学习型组织相适应的薪酬制度和奖励体系,对客运职工的学习情况尤其是学习之后的具体运用结果给予适当奖励和反馈,才能有助于推动客运职工与铁路企业所倡导的“学习型组织建设”等新型文化保持一致。

铁路企业必须对已经完成培训的客运职工分别从职业技能、职业道德、职业素养、职业纪律等多方面进行综合评定,并根据评定结果及时进行奖励。同时,要用好先进评选、表彰奖励、岗位退出、离岗培训、星级职工争创等现有各项制度机制,让能力胜任、技术过硬、爱岗敬业、业绩突出的客运职工得到荣誉、享受待遇;让能力不适应、素质不达标、岗位不尽责的客运职工受到鞭策、感到压力。铁路企业还要科学合理地设计薪酬体系,通过薪酬变动来充分展示“学”和“不学”不一样,积极引导客运职工主动接受培训,勇于进行自我技能开发,不断巩固和提高自身的业务素质,增强职工适应工作的能力。总之,种种“反馈”目的就是要极大地调动和激发客运职工学习多种技能的积极性和主动性,促进形成让更多优秀客运职工脱颖而出的企业文化氛围。

【链接】 国内某航空公司要求在国际值机柜台办理登机服务的值机员,会操作本公司所代理的全部国外航空公司的电脑订座系统,但是不同国家的航空公司所使用的订座系统又不相同。在这种情况下,有些优秀的值机员会同时操作三四家航空公司的订座系统,而另外一些值机员却只会操作一家航空公司的订座系统,但是两类值机员的薪酬水平几乎是一样的。久而久之其结果是:尽管公司号召值机员多掌握几种订座系统,但是大家都没有学习新技能积极性,甚至当公司组织大家去接受培训时,很多人都没有学习积极性。于是该航空公司改变了薪酬体系,使得值机员的基本薪酬与他们所能够操作的订座系统的种类建立一定的联系,大大激发了值机员学习掌握更多新的操作系统的积极性。因为大多数值机员都能够掌握两三种操作系统,那么,即使提高了这些员工的薪酬水平,也使公司因人员精简而节约人工成本。

常言说的好,十年育木,百年树人,要做好客运职工培训这项工作,不可能一蹴而就,需要铁路企业重视体制机制的不断完善,推动培训开发优秀客运服务人员的常态化和长效化。

四、有效激励客运服务人员

激励是通过需要、愿望、兴趣、感情等内外刺激的作用,使人处于一种持续的兴奋状态。从管理学角度来说，就是激励热情，调动人的积极性。人的潜在能力是否能得到发挥，工作是否有成效，不仅取决于人力资源配置使用是否合理，更重要的是还要受到人的主观积极性的影响。影响个人的工作成效的因素主要有三个：个人的能力、个人的积极性、所处的环境条件。实践证明，通过科学的激励方法提高人的主观积极性，能够把人的潜在能力充分发掘出来，大大提高企业生产力。

服务企业的发展一定程度上依赖于企业所拥有的服务人员，而服务人员的工作积极性又依赖于员工的能力、工作态度和获得的机会。也就是说，在工作能力和机会一定的前提下，客运服务人员工作态度十分重要，客观上需要铁路企业有效激发客运服务人员的工作动机，用各种方法去调动他们的积极性和创造性，促使客运服务人员努力出色完成服务工作，实现铁路企业目标。

1. 充分发挥好薪酬制度的导向作用

薪酬对职工的工作行为、工作态度以及工作业绩具有直接影响，薪酬不仅决定了企业可以招募到的职工的数量和质量，还决定了现有职工受到激励的状况，进而影响他们的工作效率、缺勤率、对组织的归属感和承诺度，从而直接影响企业的生产能力和生产效率。

新的历史条件下，铁路总公司十八个铁路局完成公司制改制，作为市场主体和法人实体真正开始以企业的姿态参与多种运输方式的竞争。为了适应这种发展变化，铁路企业不但要重建组织结构、重新设计战略、再造流程，而且还要进一步营造有利于企业转型发展的经营文化，促使企业经营机制更加灵活、对市场和客户的反应更为迅速，所有这一切都离不开劳动、人事、分配等制度改革。

薪酬制度是分配制度改革的重要内容，它通过作用于客运职工个人、工作团队和企业整体来创造出与企业变革相适应的内部和外部氛围，有效推动铁路企业变革。一方面，企业的薪酬制度与重大组织变革之间是具有内在联系的。据统计，在企业流程再造的努力中，50%～70%的计划都未能达到预期的目标，其中一个重要原因就是再造后的流程与企业薪酬体系之间缺乏紧密的一致性。另一方面，作一种强有力的激励工具，改革后的薪酬制度如果得到有效运用，它就能够起到强化新的价值观、支持对结果负责精神的作用，有利于强化客运职工对铁路企业变革的接受和认可程度，有利于强化客运职工与公司制改革相匹配的服务意识、市场意识和经营意识，提高优质服务的自觉性和主动性，加快推进铁路企业法治化市场化转型。

2. 充分发挥好薪酬制度的激励作用

科学、公正、合理的工资和奖配制度、福利制度等是达到有效激励的基础。从心理学角度来讲，薪酬是个人和组织之间的一种心理契约，这种契约通过职工对薪酬状况的感知来影响职工的工作行为、工作态度以及工作绩效，即产生激励作用。通过研究马斯洛的需要层次理论可以发现，职工对于薪酬的需要在五个层次上都有所表现：

(1)职工期望所获得的薪酬能够满足自己的基本生活需要。

(2)职工期望自己的薪酬收入更加稳定或者稳定的薪酬收入部分有所增加。

(3)职工期望自己所获得的薪酬与同事之间具有一种可

比性，得到公平对待。

(4)职工期望自己能够获得比他人更高的薪酬，以此作为对个人的能力和所从事工作的价值的肯定。

(5)职工期望自己能够获得过上更为富裕、质量更高的生活所需要的薪酬，从而进入一种更为自由的生存状态，充分实现个人的自我价值。

如果职工的薪酬需要得不到满足，则很可能会产生工作率低下、人际关系紧张、缺勤率和离职率上升、组织凝聚力和职工对组织的忠诚度下降等不良后果。铁路企业需要认真研究制定符合自身特点和实际情况的薪酬制度和薪酬水平，并通过完善企业薪酬管理来向客运职工传递一种强烈的信号：什么样的行为、态度以及业绩是受到企业肯定和鼓励的、是对企业有贡献的，以此激励客运职工的工作行为和工作态度以及最终的绩效都朝着铁路企业期望的方向发展。

铁路企业客运服务人员包括车站、客运段等职工，他们都属于“前店”一线工作人员，每天都要直接接触大量形形色色、服务诉求迥异的旅客，不但服务难度大，而且劳动强度也大，因此，运用科学合理的薪酬制度和物质激励手段奖励一线客运职工并给予适当倾斜的政策是十分必要的。

3. 充分发挥好非物质激励作用

从需要性质来看，人类需要大致可划分为三个层次。第一层次是物质性需要，指的是保暖、饮食、种族繁衍等生存需要，这是人类最基本的需要。第二层次是社会性需要，它是在物质性需要基础上形成的，主要包括社会安全的需要、社会保障的需要、社会公正的需要等。第三层次是心理性需要，指的是由于心理需求而形成的精神文化需要，比如价值观、伦理道德、民族精神、理想信念、艺术审美、获得尊重、自我实现、追求信仰等。

十九大报告指出:中国特色社会主义进入了新时代,我国社会主要矛盾已经转化为人民日益增长的美好生活需要和不平衡不充分的发展之间的矛盾。我国社会主要矛盾已经发生转化的表明,在基本物质生活这些“硬性”需要得到满足后,人民对美好生活的需要更加侧重于高层级的权益性和尊重性等“软性”方面的需要。学懂弄通做实十九大精神,科学认识和把握我国社会主要矛盾转化,必然要求铁路企业各级管理者更加重视学习研究并掌握客运职工的社会性和心理性等高层级需要,创新管理方法和管理手段,施展领导艺术,更加重视通过非物质激励手段在具体工作中的运用,来满足客运职工不断增长的权益性和尊重性需要;必然要求铁路企业各级管理人员坚决摒弃实际工作中存在的、备受职工诟病的过分倚重“用钱解决一切”的管理短板和“瘸腿”现象,通过“企业领导人员转型提质”等举措,不断提高各级管理人员运用现代企业管理理论指导铁路改革发展实践的能力,平衡使用正激励和负激励,协调物质激励和精神激励,最大限度地调动客运职工的工作热情和工作积极性,促进铁路职工的全面发展和企业的全面进步。

第六节　美化管理有形展示是客运营销的必修课

有形展示是指在服务营销管理范畴内,一切可传达服务特色及其优点的有形组成部分,主要包括物质环境展示、信息环境展示和人文环境展示。在铁路企业服务营销中,有形展示主要指承载位移服务的有形载体，它包含的范围较广泛，主要有：

1. 实体环境展示，如车站的装潢、颜色、陈设、声音，服务必须的装备实体，如问询服务台、车体、卧具。

2. 实体性信息环境展示，如候车室的列车信息 LED 显示屏、各种指示标识。

3. 实体性人文环境展示，如母婴候车室、哺乳室、重点旅客绿色通道等。

【案例 11】 星巴克的有形展示

星巴克是北美首屈一指的特色咖啡烘焙商和零售商，1971 年成立，总部位于美国华盛顿州西雅图市，其 7 000 多家风格独特的咖啡连锁店遍及北美、欧洲和环太平洋地区。无论是原料的采购、烘焙、酿制还是咖啡的新鲜度方面，星巴克所遵循的都是本行业中最高的标准，用以保证顾客在星巴克喝到每一杯咖啡都是最完美的。

星巴克非常重视服务的有形展示，通过物质环境展示、信息环境展示和人文环境展示，散发出星巴克独有的服务风格和气质。在星巴克的美国总部，有一个专门的设计室，一批专业的设计师和艺术家在这里为全世界各地的星巴克设计店铺。在设计每个门市的时候，他们都会依据当地商圈特色来考虑如何把星巴克融入其中。所以，星巴克实现了既品牌统一又尽量发挥每一家店的个性特色。在建筑上，星巴克尊重每栋建筑物所特有的风格，设计师和艺术家要做的只是把星巴克融入到原来的建筑物中，而不是去破坏建筑物原来的风格，其过人之处在于：创造统一外观的同时又加入每一个店面自己的变化，并利用这种风格体现美感，创造了独特的视觉冲击。与麦当劳等连锁店不同的是，星巴克结合不同的地点使每家店都有自己与众不同的特色，唯一不变的是丰富多彩的视觉享受、浓郁咖啡香味的嗅觉享受以及美妙音乐的听觉享受。

星巴克室内桌椅摆设也在营造令人感觉舒适、有质感又有高品位的空间气氛，既不拥挤也不空旷。星巴克户外都设有太阳伞和木质沙发，并配合新一代的舞台设计，展现了与众不同的咖啡体验。在星巴克里，有形展示所渲染的就是一种崇尚知识、尊重人本位，又带点小资情调的文化。

名称——Starbucks，暗含有一定社会地位、收入较高、有生活情调的人。

商标图案——绿色双美人鱼，透露出强烈的异国情调，仿佛一个五色斑斓和充满浪漫气息的故事，吸引消费者踏进去一窥究竟。

标识颜色——绿色，传达出星巴克就好像都市人的避风港，让人可以暂时远离繁琐的生活、工作压力而享受片刻宁静，给自己一片绿洲。

木质的货架柜台，体现了咖啡文化的专业性，提高了消费者的信赖程度。

一、有形展示在铁路客运营销中的作用

善于管理和利用有形展示，可以帮助旅客感觉位移服务产品的特点并提高享用服务时所获得的利益，有利于树立客运产品和铁路企业形象，支持企业相关营销策略推行。

1. 促使旅客感受到客运服务能带来的利益

消费者购买行为理论强调，产品的外观是否能满足顾客

的感官需要将直接影响顾客是否真正采取行动购买该产品。同样，旅客在购买无形产品——位移服务时，也希望能从感官刺激中寻求到某种与自己寻找的利益相关或一致的东西。铁路企业必须重视通过有形展示对旅客感官进行刺激，让旅客感受到无形的位移服务所能给自己带来的利益，例如，现代化的车站、宽敞明亮的候车大厅、科技先进的车体、干净整齐的卧具等，说服旅客相信铁路客运服务能力的效果，影响旅客的服务需求。可以说，所有有实体形态的物品都是看不见的客运服务的有形线索，直接影响旅客的购买决定和消费体验。

2. 引导旅客对客运服务产生合理期望

旅客对位移服务是否满意，取决于该产品所带来的利益是否符合旅客的期望。但是，服务的不可感知性使旅客在使用位移服务之前，很难对该服务产品做出正确的理解或描述，对该服务产品的功能及利益期望也是很模糊的，有时甚至是过高的和不切实际的。这种过高的心理期望又往往会使他们错误地评价铁路客运服务，特别是那些对客运服务不利的评价。因此，铁路企业需要充分管理和利用有形展示，让旅客在使用服务前能够通过站容站貌、车体、车厢、卧具、服务人员等有形展示来具体把握铁路客运服务的特征和功能，帮助旅客对铁路客运服务产生合理的期望，避免因旅客期望过高而企业又难以满足所造成的负面评价和不利社会影响。

3. 促使旅客对客运服务产生优质的感觉

服务是抽象的、不可感知的，因而有形展示作为部分服务内涵的载体无疑是旅客获得第一印象的基础，有形展示的好坏直接影响旅客对客运服务的第一印象。服务环境可以提示服务质量，增强其识别度，服务的“硬件”质量可以“烘托”出服务的“软件”质量。大部分旅客会根据“可感知”的服务环境特质来判断服务质量的高低。与服务过程有关的每一个有形展示,如服务设施设备、服务人员的仪态仪表等,都会影响旅客感觉中的服务质量,优良的有形展示能使旅客对客运服务质产生“优质”的感觉。同时,优良的有形展示也会给企业内部客运服务人员以某种心理提示,使他们有意识地提高服务质量以便与高质量的设施和工具相适应。

客运服务过程中的可见性细节,能向旅客传递铁路企业的服务能力以及对旅客的关心程度,因此,提高管理有形展示的质量就意味着铁路企业必须对微小的细节加以重视,处处突出人文关怀,时时彰显人民铁路为人民的文化氛围。

作为实体环境,有形展示不仅隐含着美学特点、社会属性,还体现着系统思维。如何借助产品的有形展示部分来彰显客运服务的个性特征,是铁路客运营销必须着力解决好的问题。兰州局集团公司的实践证明,把地理区位特征、历史人文、风俗习惯、旅游资源与各客运产品统筹起来,并通过站容站貌、车厢装饰、工作人员服装等有形展示,强化客运产品的地域、历史、文化、民族等个性特征,不仅为客运产品注入了丰富的文化内涵,放大了客运产品价值、还增强了市场吸引力。

二、优化设计客运站服务有形展示

客运站的设计要考虑铁路企业的整体形象,展示铁路行业特色,在方便旅客使用为前提的原则下,从流线设计、空间设计到细节设计上,尽力为旅客提供快捷便利的换乘方式、舒适的乘车环境和人性化的优质服务。

1. 系统性

系统性不仅是指铁路客运站内部各种设施间有机结合，而且是指通过系统研究，充分展示“以旅客为中心”的设计理念，最大限度地实现铁路客站的位置选择、功能设施、时代特征、文化底蕴、先进性和经济性的和谐统一。

2. 功能性

客运站功能的设计要以旅客为核心，满足快捷通过，旅客进出站、换乘方便，候车环境舒适等要求，体现在广场规划、各种交通方式衔接、旅客流线、站房平面布局、空间组成以及其他配套客运设施的具体设计中。

3. 先进性

车站设备设置、建筑材料及建筑技术上要体现现代化，在长期的运用中要践行绿色发展理念，对与环境有关的光、气、音、物 、水等进行处理时要注重节能环保，以适应低碳环保和可持续发展要求。同时，客运站的建设还需要合理把握车站规模与建筑标准的关系，注重近期与远期的结合，以保持车站规模必要的前瞻性。

4. 文化性

作为实体环境，有形展示不仅隐含着美学特点、社会属性，还体现着系统思维，如何借助有形展示部分来彰显客运服务品质特征，是优化设计客运站必须着力解决好的问题。客运站的建筑设计应当成为客站交通功能、时代特征和地域文化的完美结合体。

【链接】 在日本，城市内衔接多个方向的较大车站多采用立体结构，尽可能地充分利用地下和地上空间，站房和站场叠合布置，整体结构简单紧凑。车站在功能布局和流线设计上充分考虑客流特性，力求以最简洁、流畅的线路，尽量缩短旅客站内走行距离和时间，提高旅客乘降的便利性。衔接多条线路的车站一般都设有面积较大的综合换乘空间，通道四通八达，旅客可以此为中心选择前往不同区域。有高差的站台一般都设有多部自动扶梯和垂直电梯。自动售票机散设于各进站口，旅客购票后可直接通过自动闸机入站。车站一般不设专用候车室，个别车站在站台上设置简易候车室或座椅。长途客流较大的车站由于候车间隔相对较长，一般设有面积不大的候车室或候车区，内设冷暖空调，有的还提供无线上网服务。旅客临时存放行李主要使用在车站各出入口处设置的自助储物柜。站房内、站台上设有自助售货机、银行 ATM 机、公用电话、自助证件照相设备等。

三、充分展示客运站服务信息沟通

客运站服务信息沟通是另一种服务有形展示形式，无论是企业本身或其他要吸引旅客眼球的沟通信息，都可以通过多种媒体的传播来展示服务，从赞扬性的评论到广告，从旅客的口头传播到客运站的标识……不同形式的信息沟通都传递了有关服务的线索，影响着铁路企业客运营销。

1. 通过展示服务信息降低旅客成本

旅客经常为获取信息，如了解有无客票、车次到站等而付出一定的代价，这就是信息成本。旅客出行时的需求通常有：

(1)希望得到清晰、全面的列车信息咨询。

(2)希望得到车站中转、换乘列车信息及与其他运输方式的换乘信息。

(3)车站周边的旅馆、酒店、商场、旅游景点、商务中心等信息。

(4)获取重大新闻、焦点事件及重要赛事结果及时播报信息等。

为满足旅客获取信息的需求,客运车站要通过电子显示屏、广播、公告栏、服务咨询台等服务措施,不间断地向旅客传播各方向车次票额动态、运行情况以及客车开行信息和客运安全常识。车站服务信息展示要位置醒目、内容表示准确、信息更新及时、旅客阅读方便,多方面有效降低旅客信息成本。

2. 多渠道展示客运站的便利服务信息

信息传递除了传统的车站广播、人工问讯等形式外,还必须依靠现代化的传播手段。通过电子触摸屏、电子显示屏、多媒体等现代化手段的揭示引导系统,展示时刻表、票价表、服务承诺和信息服务等,对旅客进行有效的视觉、听觉刺激,激发旅客购买欲望,方便旅客旅行。

2017年春运期间,西安北站旅客众多,为了提高进站效率,机器人“馨馨”成为了这里的明星。通过事先植入程序,机器人“馨馨”不但可以语音回答旅客有关列车时刻、购票信息、地点指引等问询,同时还可应旅客要求即兴表演机器人歌舞。在北京站,打开手机蓝牙功能,通过微信摇一摇能够打开一个服务页面,点击不同项目即可进行候车室导航、正晚点查询、遗失物品查找、呼叫轮椅服务等。点击候车室导航,软件会自动生成一条最优路径,指示旅客找到候车室。北京西站、广州南站、郑州、长沙、武汉、深圳、上海、西安、太原等站还开通了自助“刷脸”进站通道。

今后,铁路企业要通过多方不断努力,更加广泛地利用

“智能车站”等各种有形展示开展沟通工作，主动介绍铁路客运的新产品及列车有关信息，让旅客能够方便地、多渠道地了解铁路客运服务信息，进一步降低旅客的信息成本，全面实施客运提质计划，让旅客获得更高的满意度。

第七节　控制好服务过程是客运营销必须解决好的难题

服务过程是指服务产品交付给顾客的程序和活动。许多服务产品都是由一系列的活动组成，与制造业有实体形态的产品不同，服务产品是一次过程或者一次顾客经历，而不是看得见、摸得着的有实体形态的东西。在铁路客运服务中，工作人员的行为很重要，过程即服务的传递过程也很重要。表情愉悦、专注和关切旅客的工作人员，不但可以减轻必须排队等待服务的旅客的不耐烦程度，还可以平息技术上出问题时顾客的怨言或不满。整个客运服务系统的协同运作，程序方法的采用、服务供应中器械化程度、职工决断权的适用范围、旅客参与服务操作过程的程度、咨询与服务的流动等，都是客运服务营销管理者特别需要关注的问题。

【案例 12】　海底捞的人性化服务

2008 年 4 月，学者黄铁鹰在《哈佛商业评论》中发表了海底捞的案例。案例中问及食客为什么喜欢海底捞的火锅时，客人说：“这个店就是和别的店不一样，吃火锅时眼镜容易有蒸汽，他们给你擦眼镜的绒布，头发长的女生，给你系头发的橡皮筋，手机放在桌子上容易脏，他们给你专门包手机的塑料袋。”

阿尔巴德定理很好地诠释了海底捞成功的关键：一个企业经营成功与否，全靠对顾客的需求了解到什么程度。看到了别人的需求，你就成功了一半；满足了别人的需求，你就成功了全部。

一、质量是控制好客运服务过程的关键目标

美国通用电气公司前任首席执行官韦尔奇曾经说："质量是我们维持顾客忠诚的最好保证，是我们对付竞争最有利力的武器，是我们保护增长和盈利的唯一途径。"

1. 不可分割性对客运服务质量提出了更高的要求

铁路企业向社会提供的产品是旅客和货物的位移服务，这种产品和制造业的产品比较起来，最大的特点是——生产过程与消费过程的一体化，使得服务产品不能像制造业的产品那样，即使在生产环节有问题，出现了残次品，还可以通过所谓完善的售后服加以弥补。位移服务产品没有提供任何售后服务的机会，从某种意义上讲是"一次性消费"，这对铁路企业的服务过程、服务水平和服务质量都提出了更高的要求。长期以来，铁路企业服务规范及标准的制定考虑铁路自身的工作要求的多，考虑顾客需求的少。更有甚者，把服务质量标准仅仅定位于"上级领导满意"，往往在看得见，摸得着的地方下工夫，而在如何满足旅客需要方面考虑得较少。市场营销发展到 21 世纪，已经进入"公众利益至上"的阶段，在这样的大背景下，一个专门从事位移服务的企业，没有任何理由游离于市场经济的本质要求——"满足需要"之外。相反，必须时刻牢记"交通强国，铁路先行"的企业使命和"人民铁路为人民的"企业宗旨，真正树立"把方便让给顾客、把麻烦留给自己"

的理念，完成从“管理旅客为中心”向“服务旅客为中心”转变，深刻理解和认识服务产品的不可分割性对服务质量的特殊要求，从旅客需求出发，全面梳理、认真研究、优化完善服务规范和服务标准，最大程度地满足旅客已经变化的多样化、差异化和个性化需求。

2. 提高服务质量是落实客运提质计划的根本要求

随着我国经济发展和社会进步，人们的消费观念和消费结构发生变化，旅行、经商、公务、城市群通勤等出行需求越来越多，时空分布和变化规律愈加复杂多样，旅客对运输企业产品的快速响应、服务质量、综合交通和全程出行等方面的要求也越来越高，给铁路企业提出了新的挑战。为适应新市场环境和发展要求，铁路总公司提出了三大举措之一的客运提质计划，明确要求：将以深化运输供给侧结构性改革为主线，打好全面提升客运供给质量攻坚战，力争到 2020 年建成世界一流的现代化客运服务体系；以实施复兴号品牌战略为带动，建成一批具有广泛影响力的铁路客运服务品牌和标杆性的精品站区，为更好服务经济社会发展、满足人民日益增长的美好生活需要提供有力保障。

全面落实客运提质计划，迫切需要铁路企业冲破传统观念的束缚，打破长期积累形成的制约企业市场化转型的各种条条框框，推动形成有利于企业公司制改革和创新发展的思想共识，破除对“顶层设计”的路径依赖、强调客观基础条件的“等、靠、要”思想，以市场和客户需求为核心，加快推进旅客运输由生产组织向市场经营的转型发展，下大力气解决旅客普遍关心和社会反映较为强烈的问题，不断改进铁路客运在安全、经济、快捷、方便、舒适等方面仍然存在的突出问题，有效提高客运服务质量，全面增强铁路企业在客运市场的竞争力。

二、服务蓝图是控制好客运服务过程的有效管理工具

服务蓝图是基于系统思想和“以顾客为中心”的服务理念而设计的服务流程图，是服务行业中测量、控制、提高服务质量的有效管理工具。任何服务企业要想对整个服务过程进行控制都必须对其服务过程进行历史分析。服务蓝图就是一种准确地描述服务体系并对其加以有效管理控制的工具，它将服务提供过程、职工和旅客的角色与服务等有形证据直观地展示了出来，对于通过过程控制来提高铁路客运服务质量意义重大。

在长期的客运服务工作中，铁路企业虽然经累积了很多经验和好的做法，但面对旅客消费需求和服务体验的转型升级，传统的管理方法和手段就显得捉襟见肘，迫切需要客运服务创新工作载体，实施重点突破，运用更加科学有效的管理工具，加快推进旅客运输由生产组织向市场经营转型发展，全面提升客运发展质量，努力开创铁路高质量发展新局面。

铁路企业必须立足对旅客需求的深度关切，理解并掌握影响旅客对客运服务认知的各种因素，跳出传统的运输生产型思维模式，完成从“强调工作操作”向“强调面对旅客服务”转变，充分利用流程分析工具来分解组织系统和框架，鉴别旅客同服务人员的接触点和失败点，并从服务的执行标准这些接触点出发来进一步改进服务，找出所有对旅客可行的服务证据，从而建立起扎实可靠的客运产品质量服务流程支持系统。

1. 铁路客运服务蓝图及其组成

铁路客运服务蓝图借助于流程图，通过准确、连续地描述

旅客需求、服务提供过程、旅客与职工的直接接触点、旅客与职工的角色以及服务的有形展示等方面的内容，直观地展示铁路客运服务全貌。服务蓝图由四种行为、三条分界线、有形展示和流向线组成，如图 2-2 所示。经过服务蓝图的描述，客运服务被合理地分解成服务提供的步骤、任务和方法，使服务提供过程中涉及的所有人都能对客运服务客观地理解和处理。更为重要的是，在客运服务蓝图中，旅客同客运服务人员的接触点被清晰地识别，为进一步控制和改进客运服务质量提供了具体的靶向。

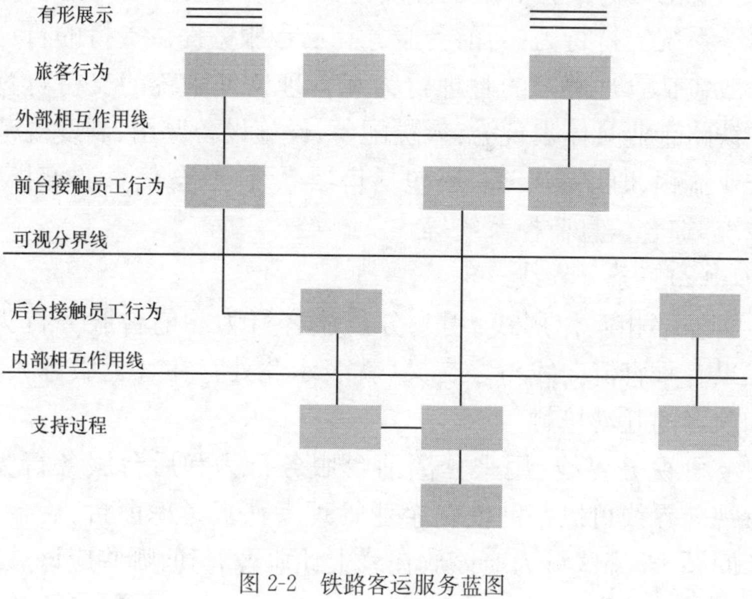

图 2-2　铁路客运服务蓝图

(1)四种行为。

旅客行为：旅客从进入到离开客运服务系统的整个行为过程和行为事件。把旅客行为放在服务蓝图其他行为的上端，是为了突出旅客在整个服务系统中的核心地位。对旅客需求和行为的研究是规范铁路企业客运服务行为的基础。

前台服务行为：为旅客提供服务并与旅客直接发生接触的服务行为，一般由一线客运职工完成，在铁路企业具体表现为“前店”，即车站、客运段等单位面对旅客的客运服务。

后台服务行为：不与旅客发生直接接触，但为前台客运职工提供及时支持的服务行为，一般由后台职工完成，在铁路企业具体表现为“后厂”各单位的协同配合，即车、机、工、电、辆各系统的运力支持和运输保障。

系统支持行为：为前台服务和后台服务提供支持的行为，一般包括管理部门的管理行为和管理软件系统的支持行为。在铁路企业具体表现为：人员配备、设施设备调用、制度规范、作业流程、时序交接等，还包括售票系统、综合信息调度指挥系统、综合信息监控系统等。

(2)三条分界线。

外部相互作用线：用来分离旅客行为和前台服务行为。如果有垂直流向线与之交叉，就表示此处存在客运服务人员和旅客的互动接触。

可视分界线：用来分离前台服务行为和后台服务行为。可视分界线可以帮助铁路企业管理者认真考虑前台、后台分离问题，即哪些行为应该放在线上让旅客看到，哪些应该放在线下不让旅客看到。

内部相互作用线：用来分离后台服务行为与系统支持行为。内部相互作用线同样具有如何分离后台服务行为和系统支持行为的问题。

(3)有形展示。

有形展示表示旅客在每一活动步骤中所感知到的,能够强化旅客感受、为旅客留下服务体验的服务证据或线索,其主要目的是实现“无形客运服务的有形化”。

(4)流向线。

流向线用来连接四种行为,目的是描述旅客的行为顺序和客运服务流程。

2. 铁路客运服务蓝图的功能焦点

(1)系统思想。

服务蓝图把铁路客运服务和旅客置于共同的循环圈,系统分解为旅客行为、前台职工行为、后台职工行为和服务支持过程。对内来讲,服务蓝图关注的是前台服务和后勤支持的协调;对外来讲,服务蓝图关注的则是服务技术和旅客需求的协调。在这个大循环中,所有的服务行为都是围绕提升客运服务质量而展开。

(2)以旅客为中心。

铁路企业传统的服务流程图其实是一种工作流程图,它以工作职能为导向,以各部门为载体,立足岗位要求完成客运服务工作。服务蓝图突出“旅客需求第一位”导向,要求以旅客为中心完成服务传递和提供客运服务,更多关注旅客的消费流程、消费需求和消费行为。相比之下,传统的工作流程图不可避免地出现客运服务提供与旅客需求的现实割裂,出现“两张皮”现象,即“我干我的工作,旅客需要是旅客需要的”,难以充分满足旅客需求,提高客运服务质量。服务蓝图要求把客运服务提供和旅客需求密切地贴合在一起,强调客运服务流程的整体设计必须实现从“以工作为中心”向“以旅客为中心"转变。这种转变的真正实现恰恰是铁路总公司用三年左右的时间，落实客运提质计划的根本出发点，也是客运提质计划能否圆满完成的关键所在。

(3)改进服务。

服务蓝图有助于识别服务提供过程中的失败点和薄弱环节，从而改进客运服务质量，落实客运提质计划；有助于铁路企业全面掌握旅客需求的每个环节，提高服务质量管理的精准化程度；有利于持续改进客运服务，不断增强客运供给对客运需求的适应性，充分满足旅客对服务的便利化、人性化及智能化程度提高的动态要求。

3. 铁路客运服务蓝图的应用价值

(1)服务蓝图是以"大联动机"思维谋划的服务流程图。

服务蓝图作为一个系统对外表现为服务技术和旅客需求的协调，对内则是前台服务和后台支持的协调，在这个大循环中，所有的服务行为都是围绕提升客运服务质量而展开。客运服务行为围绕提升服务质量展开的导向性，必然带动企业内部全体职工服务意识、市场意识、效益意识的加速形成，推动铁路企业作为独立法人和市场主体参与市场竞争能力的提高。同时，这种基于系统思维而谋划的服务流程，准确描述了前台职工行为、后台职工行为和支持行为，清晰界定"前店"和"后厂"在为旅客提供服务时的职能和位置，形象地阐释了"大联动机"的系统性功能，有利于调动全体职工特别是"后厂"职工为赢得旅客、赢得市场而创效做贡献的主动性和积极性。

(2)服务蓝图是"以旅客为中心"而设计的服务流程图。

许多单位虽然有客运工作流程，但既有的客运服务模式显然和广大旅客对高品质客运服务诉求产生一定的距离。原有的以工作职能为导向的工作流程图,只告诉职工应该完成的本职工作及其流程,有可能导致客运服务提供与旅客需求之间出现分裂和断层,而服务蓝图则突出“旅客需求第一位”导向,更加强调客运服务只有在关注旅客消费流程、消费需求和消费行为的基础上,为他们提供他们真正想要的服务才能让旅客满意。铁路企业必须从服务产品最本质的特征——不可分离性出发,把客运服务提供和旅客需求密切地贴合在一起,真正做到“面对旅客提供服务”,而不是“只埋头做好自己的工作”,推动客运服务人员在工作中与旅客保持良好的合作和沟通,及时灵活地应对旅客的需求及其变化,赢得旅客满意。

(3)服务蓝图是“坚持问题导向”而描述的服务流程图。

作为服务创新的有效载体,服务蓝图有助于客运职工直观、全面、深入地了解他们为旅客提供的服务,有助于管理层系统梳理旅客在每一个节点的服务诉求。服务蓝图技术坚持问题导向,要求管理者更加重视识别服务提供过程中的失败点和薄弱环节,找准靶向重点突破,以此为抓手建立完善的服务操作程序和标准规范,明确服务职责,有针对性地开展职工素质和技能培训,优化客运服务流程,提升服务的精准化水平,不断适应旅客对服务质量越来越高的要求,真正为旅客“安全出行、方便出行、温馨出行”的常态化提供管理支撑。

4. 铁路客运服务蓝图应用中要关注的问题

(1)接触点分析要到位。

服务蓝图直观地同时从多个方面展示客运服务:描绘服务实施的过程、接待旅客的地点、职工在其中扮演的角色以及服务中的其他可视要素,这些是客运服务的“接触点”所在。

服务蓝图要求客运服务工作程序要融入旅客需求之中,并以旅客舒适度体验为第一位,故接触点分析是关键。

接触点分析的具体方法是:先把客运服务合理分块,再逐一描述为步骤任务、执行任务的方法以及旅客能够感受到的有形展示。在这个过程中,准确找到旅客与客运服务人员的接触点,进一步细化服务的每一个环节,并且把客运服务以"看得见"的形式向旅客展示出来,最终内化成客运职工规范服务的操作标准,外化为旅客对服务评价的标准。

(2)失败点排查要全面。

在客运服务工程中不可避免地存在这样或者那样的疏漏或不足,这就是服务的"失败点"。客运服务中的失败导致旅客的茫然、不便、繁琐、怨气、折腾、等待、不适、投诉等。举例来说,原兰州铁路局客服中心在2016年1—4月共计受理旅客投诉42件,其中,售补票问题15件,乘降组织问题1件,服务标准问题13件,服务态度问题3件,商品销售问题5件,其他问题5件。应用服务蓝图技术可对这些投诉进行"回溯",在客运服务蓝图中加以对照,一一排查、准确描述,能够清晰地、一目了然地发现投诉产生在哪一个具体环节,深挖产生投诉的真正原因并有针对性地加以改进,避免了"胡子眉毛一把抓"和"大而化之"的粗放式管理,实现为客运提质计划和铁路高质量发展提供强有力管理支撑的目的。

(3)与旅客互动要深入。

互动是客运服务的润滑剂,通过保持与旅客的良好的沟通和交流,可以有效促进铁路企业和旅客的相互理解和支持。在摩擦和矛盾产生的时候,更需要铁路企业管理者客运职工沉下心来,耐心细致地与旅客交流沟通,开诚布公,进而取得广大旅客及其他社会公众的谅解和信任。市场化转型步伐加快，要求铁路企业必须更加重视客运服务的互动性，重视通过发动旅客来帮助查找企业的不足并以此作为提升铁路客运服务质量的外在推动力。铁路企业必须放下“铁老大”的架子，脚踏实地地以“店小二”的姿态来研究旅客需求，应对客运服务新变化。

①可以依托 12306 客户服务中心，搜集旅客对客运服务的反馈信息。

②可以借助站车各岗位、新闻媒体等载体，通过问卷调查、信函、电话和网络等方式，广泛收集顾客在客运服务、线路平顺、运行平稳性，以及设备、设施等多方面的意见和建议。

③可以推广各种形式的“手机随手拍”活动，及时发现问题、分析整理并及时反馈，为下一步改进客运服务工作奠定良好基础。

5. 铁路客运服务蓝图为客运提质开拓新思路

铁路总公司将用三年左右的时间，实施铁路客运提质计划。该计划将以深化供给侧结构性改革为主线，打好全面提升客运供给质量攻坚战，力争到 2020 年实现世界一流的现代化客运服务。铁路在综合交通运输体系中的骨干地位和作用更为突出，以实施复兴号品牌战略为带动，建成一批具有广泛影响力的铁路客运服务品牌和标杆性的精品站区，为更好服务经济社会发展、满足人民日益增长的美好生活需要提供有力保障。作为创新服务工作载体和重点突破手段，铁路客运服务蓝图为客运提质计划开拓了新的思路。

(1)从注重作业流程向着眼于服务流程转变。

传统的客运工作是围绕安全第一、调车作业、旅客乘降组织来编制作业流程的，工作设计多以管理旅客为主，管理方便代替了贴心服务，怎么样能安全地把旅客组织好、管理好、送上车是客运作业流程的重点，其结果必然是难以适应经济社会的飞速发展的要求。铁路客运服务蓝图技术的应用必然引起服务工作重心的转移和流程再造，实现从注重作业流程向注重服务流程转变，让有形展示、服务规范、设施设备等要素都能有效地服务于旅客，从而全面落实客运提质计划。

(2)从只讲工作标准向还要研究旅客诉求转变。

传统的客运服务工作主要围绕一系列的作业标准展开，这是必要的，但也是不够的。这种眼睛向内，只关注自己工作而不关心旅客需求的生产观念，早已经无法适应铁路企业法治化市场化转型的需要。应用服务蓝图技术的目的之一，就是通过对服务流程的分解，仔细梳理每一个环节旅客的诉求及服务提供中的失败点，从而引导客运服务管理工作重点发生根本性转移，实现从只讲工作标准向还要研究旅客诉求转变，以此带动客运服务质量的改善，全面落实客运提质计划。

(3)从提供服务向提高客运供给质量转变。

从硬件设施设备上来看，铁路企业基本能够适应旅客的需求，但从满足旅客大众化和人性化需求的软性服务来看，服务不同层次的旅客群体的能力还有很大的提升空间。应用服务蓝图技术，铁路企业在面梳理旅客服务诉求点的基础上，从供给侧做出适当调整，进一步完善售票体系，着力提升进出站效率，优化安检、验证流线，持续改进进出站口布局；不断完善换乘流线，改造和补强便捷换乘设备设施；优化车站引导标识，完善、规范商业布局和广告布局，有效的引导旅客休闲购物和餐饮消费，最大限度地满足旅客的差异化需求，持续提高服务供给质量，全面落实客运提质计划。

铁路客站服务蓝图示意如图 2-3 所示。

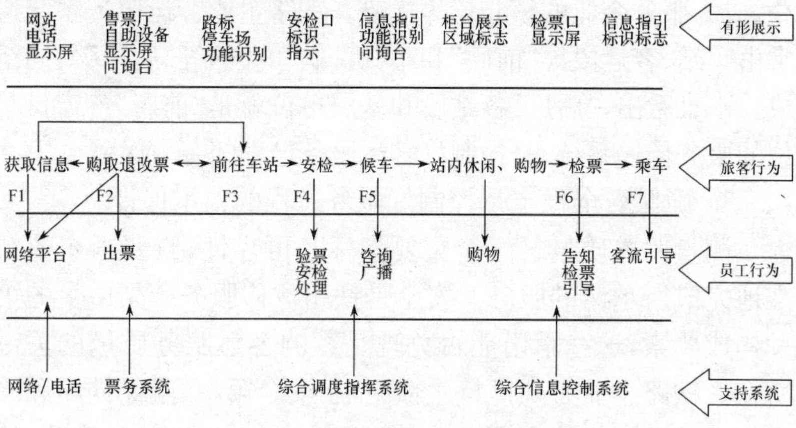

图 2-3　铁路客站服务蓝图示意

三、“后厂”是控制好服务过程的有力保障

一次完整的服务过程通常是由服务企业所设计的服务系统中的一系列步骤组成，服务系统包含了服务营运和服务传递这两个子系统。铁路企业也是一样，先通过服务运营系统运用各种资源，形成服务产品的各个要素，然后通过服务传递系统对所有的服务要素进行“包装”并最终传递给旅客。

服务传递系统的优劣直接决定客运服务过程乃至客运服务质量。服务传递系统是指服务企业将服务从企业的后台传递至前台并提供给顾客的综合系统。优良的服务传递系统必须能最大限度地让旅客满意，同时有效提高客运组织的运营效率并控制运营成本。

在市场经济运行实践中，许多服务创意和概念是可以被竞争者模仿的，但是一个设计合理的服务传递系统却无法被简单抄袭。服务传递系统对于潜在竞争者来说就是一道障碍和壁垒，成为服务企业的核心竞争优势。铁路企业客运服务系统通常由车站、客运段等“前店”和车、机、供、电、辆等“后厂”共同组成。不难看出，“后厂”各站段和基层单位就是“前店”各窗口单位的服务传递系统，是控制好客运服务过程的有力保障。

1. 确保安全稳定是控制好服务过程的根本保证

测量服务质量的一个重要指标是可靠性，它要求企业精准地完成所承诺的服务。安全是铁路位移服务产品质量的第一构成要素，这一承诺能否兑现是影响客运服务质量的关键所在。铁路企业必须坚持生命至上、安全第一，坚守铁路和旅客安全的政治红线和职业底线，不断健全完善人防、物防、技防“三位一体”安全保障体系，紧密围绕“强基达标，提质增效”工作主题，强化安全管理基础，强化设备质量基础，强化现场控制和应急处置，加强外部环境和治安综合治理，逐步建成科学完备的铁路安全防范治理体系和技术标准体系，为客运服务传递系统筑牢安全基础，这是控制好服务过程进而保证服务质量的根本前提和基础。

2. 提高运输效率是控制好服务过程的基本要求

控制好服务过程的内在要求，需要铁路企业以市场需求为导向，科学合理配置运力资源，科学铺画旅客列车运行图，优化旅客列车运行方案，统筹用好高速、快速和普速运力资源，优化车流径路，合理分布不同种类客流的输送模式，分析掌握动车组列车开行的规律性，不断减少各种不确定性。同时，积极借鉴精益管理中的柔性技术，通过扎实的市场调研和预测及时了解旅客需求变化，提高铁路企业运输组织的快速反应能力和服务流程效率，最大限度地满足经济社会发展对铁路企业提出的新要求。

要提高运输效率，必然要求铁路企业围绕实现“旅客零换乘”来调整列车到开时刻，健全旅客中转换乘机制，强化站车协调配合；加强高铁、快速和普速客车之间的互动，实现运力资源的合理分工、无缝对接与优势互补，推动实现多种轨道交通互联互通、协同运营和无缝衔接，整体提升铁路客流输送效率和服务水平。

3. 压降运营成本是控制好服务过程的必然要求

伴随公司制改革的全面深入，铁路企业需要把精益管理引入到生产经营和运输服务的全过程，走出一条具有行业特色的创新发展之路。精益管理的核心思想是“消灭一切浪费”，并且在这一核心思想的指导下创造出一系列的管理技术与方法。

精益管理的基本经济学理论支撑是“投入—产出最大化”，即“以最小的投入获得最大的产出”，即要求企业的各项活动都必须运用“精益思维”，其核心就是以最小资源投入，包括人力、设备、资金、材料、时间和空间，创造出尽可能多的价值，为顾客提供新产品和及时的服务。通常来讲，企业提高生产效率有三种途径：

(1)投入不变，产出增加。

(2)产出不变，投入减少。

(3)投入减少，产出增加。

【链接】 丰田公司的精益生产方式，采用终端工序（总装车间）为起点，逐一向前道工序按必要的东西、必要的数量、必要的时间进行订货，最大限度地减少各工序之间、流程之间的不必要的浪费。

2003年,日本丰田只销售了678万辆汽车,利润却达到102亿美元,而美国的通用(860万辆)和福特(672万辆)两家公司共销售了1 532万辆汽车,利润却只有43亿美元,每辆汽车的利润,连丰田的1/4都不到。

从铁路企业的实际情况看,在与运输组织相关的安全生产、经营管理等诸多环节中,存在着较多浪费,导致成本居高不下,削弱了铁路运输产品的市场竞争力,背离了"低投入,高产出"的精益管理思想,如材料配件流失和浪费较为严重,用人用工只图方便不计成本,跑、冒、滴、漏等现象时有发生。在实现增收创效的难度巨大的形势面前,挣不来钱还大手花钱肯定是不行的,节支降耗、提质增效将成为今后铁路企业服务传递系统生产经营的重点内容。

铁路货运营销

第一节 铁路货运向运输物流转型发展意义重大

随着经济全球化进程的加快，资源在全球范围内的流动和配置大大加强，世界各国更加重视物流发展对于本国经济发展、民生素质和军事实力增强的影响，更加重视物流的现代化，现代物流已经成为21世纪企业公认的第三利润源。

所谓现代物流是指借助现代信息技术，将货物运输、货物存储、货物包装、货物配送、物流信息服务等多个环节共同组合起来的服务。

改革开放40年来，我国经济持续快速增长、互联网技术与电子商务的迅猛发展，都极大地促进了物流业的发展。随着国家经济结构的深入调整，特别是供给侧结构性改革的不断深化，运输市场将呈现新的变化，交通运输行业将面临“以基础设施建设为主向以交通运输服务为主转变”的重大形势变化。“十三五”期间，我国经济将保持中高速增长，全社会的货运量也将持续增长，尤其是现代服务业的加快发展，将进一步拓展市场空间，加快推动铁路货运向运输物流转型发展。

铁路货运是使用铁路列车运送货物的一种运输方式，主要承担中长距离、大数量的货物运输。铁路货运因其运量大、运费低成为我国交通运输体系的骨干和中坚力量，在现代物流体系中发挥着十分重要的作用。伴随我国经济增长方式的转变，不同运输方式之间的市场竞争日益激烈，铁路货运面临很大挑战。

从铁路企业外部来看，我国经济社会平稳较快发展带来旺盛的物流需求,科技进步加快和市场竞争加剧使得物流和供应链运货成为企业间竞争的焦点之一。无论是大宗物资还是小批量、多批次的高附加值货物,均对运输物流服务的时效性、灵活性和可靠性提出了更高的要求,进而对铁路企业传统的货运生产组织方式和服务方式提出了全新的挑战。

从铁路企业内部来看,货运市场需求变化必将推动铁路货运由以满足数量需求为主逐步向质量需求和数量需求兼顾转变,从单一的"站到站"服务向综合的"门到门"服务延伸,从而实现由货运升级和效益提升带动铁路企业整体高质量发展。

与此同时,伴随铁路公司制改革的全面深化,企业法治化市场化转型速度正在加快,铁路运输物流的发展壮大也势在必行。

【案例13】 沃尔玛公司的物流管理信息系统

先进的信息系统对沃尔玛公司的成长功不可没。沃尔玛公司是第一个发射和使用自有通信卫星的零售公司,它的信息系统是全美最大的民用系统。截至20世纪90年代初,沃尔玛公司在这方面已经投资了7亿美元,而它不过是一家纯利润只有2%~3%的折扣百货零售公司。

(1)沃尔玛公司的计算机网络化。

1977年,沃尔玛公司完成了计算机网络化配置,实现了客户信息—订货—发货—送货的整体化流程,也实现了公司总部与分店及配送中心之间的快速直接通信:及时采集商品销售、存货和订货信息,为公司对复杂配送系统的跟踪和控制提供支持。沃尔玛于1979年建立了第一个数据处理和通信中心,在整个公司内实现了计算机网络化和每天24小时连续通信。

(2)沃尔玛公司的商品条码技术运用。

沃尔玛公司还配合计算机网络系统充分地利用商品条码技术。1981 年,沃尔玛公司开始在几家商店进行试点,在收款台安装读取商品条码的设备,利用商品条码和电子扫描器实现了存货自动控制。到 20 世纪 80 年代末,沃尔玛公司的所有商店和配送中心都装上了电子条码扫描系统。采用商品条码技术可代替大量手工劳动,不仅缩短了客户结账时间,更便于利用计算机跟踪商品从进货、库存、配货、送货、上架到售出的全过程,及时掌握商品销售和运行信息,加快商品流转速度。利用这套系统,沃尔玛公司在对商品整个处理过程中总计节约了 60%左右的人工。商品条码加上便携式扫描仪还可用于控制店内存货水平,方便地记录了商品种类、数量、进价、销售价等信息,使公司能更快地规划存货需求,节约了再订货过程所需的时间。

(3)沃尔玛公司的电子数据交换系统(以下称“EDI”)技术运用。

20 世纪 80 年代,沃尔玛公司开始利用 EDI 与供应商建立自动订货系统。该系统又称无纸贸易系统,即通过计算机网络向供应商提供商业文件、发出采购指令、获取收据和装运清单等,同时也使供应商及时精确地掌握其产品销售情况。到 1990 年,沃尔玛公司已与 5 000 多家供应商中的 1 800 家实现了电子数据交换,成为 EDI 技术全美国最大客户。

一、铁路向运输物流转型是更好服务社会的重要举措

为经济社会发展和人民群众服务是铁路的本质属性,也

是检验铁路改革成效的重要标准。铁路公司制改革后，社会各界非常关注铁路改革的成效，非常关注铁路企业将以什么样的姿态和行动服务经济社会发展，非常关注铁路企业能不能更好地适应经济社会发展和人民对美好生活的需要。

1. 铁路向运输物流转型是适应经济发展环境的需要

铁路运输是国民经济的大动脉，也是国民经济的晴雨表，可以反应出国民经济的发展情况。在全球经济持续疲软的大背景下，我国国民经济增速放缓，铁路货运总量也持续走低。自 2014 年以来，由于公路、航空运输的快速发展以及钢铁、煤炭、化肥市场的持续走弱，铁路货运量进入下行区间，货运总量持续减少。2016 年国家“三去一降一补”等重大政策措施落地，运输市场呈出现新的变化，铁路货运原有的“大主顾”——煤炭、钢铁、化工等行业的货运量进一步减少，使得原本就在下行区间的铁路货运雪上加霜。总体来看，国家产业结构的调整和一批高新技术产业的兴建，消费市场顾客需求多样性和个性化趋势明显等因素，使货物运输从“少批次、大批量、长周期”向“多品种、小批量、多批次、短周期、及时性”转变，运输货物也呈现出“轻、薄、短、小”的特点。

这些变化充分说明中国经济的发展动力正在悄然改变，以往依靠房地产、钢铁、煤炭等高耗能、低附加值的粗放投资型经济增长模式，正在被高技术制造、互联网消费等低能耗、高产值的环保消费型经济增长模式所取代。这些变化催促着铁路货运加快向运输物流转型的步伐，通过大力调整货运供给结构，合理安排大宗货物运输，增强“白货”准时快捷运达能力，进一步优化铁路货运产品结构，尽快适应中国经济发展动力转化的变化需要。

2. 铁路向运输物流转型是更好利民惠民的需要

作为地区联系的枢纽,铁路对各个地区经济发展起着承上启下的作用,特别是随着物流行业的发展,区域之间的联系更加频繁,通过铁路货运带动周边经济的发展已经成为全社会达成的共识。从社会需求看,铁路货运具有安全、广覆盖、低成本、全天候、绿色环保等优势,符合人民日益增长的美好生活需要和社会生态环境发展要求。从发展功能看,铁路货运谋求打破运输壁垒,提高服务增益,提供运输流程服务,着力形成与其他交通运输方式有效衔接的现代物流服务体系,可以有效增强与公路、水运、航空等运输方式的对接,构建国内大交通格局综合发展的多赢平台,为促进我国经济社会持续健康发展提供运力支撑和保障。以快递业务为例,随着网购规模的不断扩大,中国的快递包裹数量在10年的时间里增加到了原来的33倍。2017年我国的快递包裹数量突破400亿个,2018年中国的快递包裹数量还将增加近20%,达到490亿个。

为了应对物流流量的暴增,国内外的物流企业都加快了投资合作的步伐,铁路运输企业也不能置身事外,必须充分利用自身优势,不断向现代物流靠拢。通过深化货运组织改革,解决长期以来运输组织不适应市场需求的弊端,积极主动向运输物流转型,既能公开公平公正地配置运力资源,又能给人民群众提供便捷的运输服务,这不仅是拓展铁路货运市场份额的有效选择,更是惠及广大民众,提高人民生活质量,满足人民对美好生活需要的重要举措。

二、铁路向运输物流转型是降低社会物流成本的有效途径

物流运输价格是一个国家价格系统中的基本要素，它的涨跌关系到社会物价的涨跌，关系到国计民生。2016 年 9 月，国务院办公厅转发国家发改委的《物流业降本增效专项行动方案》明确要求，到 2018 年物流业降本增效取得明显成效，建立支撑国民经济高效运行的现代物流服务体系。

1. 铁路向运输物流转型是化解物流业矛盾的必要手段

当前，我国经济运行处于转型升级和动能转换的关键时期，物流业发展仍然面临不少问题，主要表现为：有效需求不足和供给能力不够的矛盾交织；物流基础设施总量过剩和结构性短缺并存；社会物流成本仍然较高和企业盈利问题突出矛盾交织；物流需求增速放缓与部分企业经营困难并存等。化解这些主要矛盾，迫切需要我国物流业发展进入以转型升级为主线的新阶段，需要物流业聚焦高效、集约、连通、创新、协调和改革等战略重点，打造高效物流服务体系，引导物流集约发展，实现设施连通、网络互通、信息畅通，创新物流组织方式和运营模式。

铁路运输作为物流企业中的生力军，要在深化运输组织改革、加快向运输物流转型的基础上，积极化解上述问题，在推动全社会物流业发展进步中发挥更加重要作用。铁路企业在巩固扩大煤炭、矿石、钢铁等大宗货物运输市场份额的基础上，深化运输供给侧结构性改革，尽快补齐“短板”，大力发展集装箱运输、冷链运输和快运业务，着力解决全社会物流有效需求不足和供给能力不够的矛盾。同时，加强与公路、航空、水运等交通方式的衔接配合，强化多式联运，通过高效、集约、

连通等打造高效社会物流服务体系。

2. 铁路企业向物流转型是全社会降本增效的必然选择

进一步降低全社会物流成本将为我国经济新一轮提速提供强大内在动力。据国家发展改革委统计，2015 年社会物流总费用与 GDP 的比率为 16%，同比下降 0.6 个百分点，连续 3 年下降，进入加速回落期，表明物流运行质量和效率有所提升。究其原因，是由于产业结构调整稳步推进，第三产业比重首次占据“半壁江山”，而服务业增加值占 GDP 的比重每上升 1%，社会物流总费用与 GDP 的比率下降约 0.3%到 0.4%。

我国是制造业大国，在整个制造业的链条中，物流业是利润担当。目前我国制造业生产成本中物流成本约占 3 成，远高于发达国家的 7%～8%的水平，也高于全球平均水平的 12%左右。2017 年 3 月 11，商务部部长钟山在十二届全国人大五次会议记者会上，特别强调了流通成本偏高问题，他说，“我们的商品价格高，很重要的一个原因是流通成本太高。据测算，社会物流总费用占 GDP 的比重下降一个百分点，就可以节约社会物流总费用 7 500 亿元人民币。这些节省下来的钱，可能大多可以让给消费者。”与此同时，铁路货物周转量在全社会货物周转量中的占比每提高 1 个百分点，就可使社会物流成本在 GDP 中的比重降低 0.05 个百分点，可节省约 400 亿元。2016 年 4 月，在推进中新(重庆)战略性互联互通示范项目交流会上，时任重庆市市长的黄奇帆指出：“铁路比公路运价要便宜 2/3，公路运输多，物流成本就高了……如果铁路多拉一点，物流成本就会降一大块。”显而易见，在降低全社会物流成本过程中，需要铁路运输方式扮演更重要的角色，发挥更大价值和作用。

三、铁路向运输物流转型是铁路高质量发展的内在需要

铁路改革的不断深入促进了铁路发展方式的转变。以客运为例，尽管实施新的客运组织方式和管理方式只有十多年，但是旅客运输适应市场、增加市场份额的效果已经非常明显。受益于高铁的广泛应用，铁路运力的释放促成了客运需求上升。以2016年为例，全国累计完成客运量191.98亿人，同比下降了1.2%，但铁路累计完成客运量28.14亿人，同比增长了11%。

2013年铁路总公司成立以来，铁路货运量连续五年下跌且降幅不断扩大，一直到2016年8月，铁路货物受多式联运、公路限载分流、煤炭钢铁供给侧结构性改革等影响，才同比增速转正，结束了连续31个月下滑。2017年国家铁路货物发送量达29.18亿吨，较上年增长10.1%，不仅超额完成年初定下的27.5亿吨计划任务，而且是近六年来首次在货运量上取得增长。此次铁路货运企稳主要依赖钢铁、煤炭等大宗货物产能在下半年突然提升后对铁路货运需求的爆发式增长。另外，《超限运输车辆行驶公路管理规定》等三项新政的实施，也将部分公路运输转移到了铁路。但从总体来看，从2000年开始铁路货运竞争力不断下降，其发展方式总体上仍然面临着如何向更加企业化、市场化方向转变的问题。

1. 铁路向运输物流转型是企业市场化发展的有力抓手

铁路货物运输充分体现了铁路运输的特点、管理需求和整体水平，把运输物流转型作为突破口，可以推动铁路企业的整体改革向更加纵深方向发展，加快建立符合市场经济要求的铁路运输管理体制和运行机制。从这个角度说，只要抓住

了货运转型这个“牛鼻子”，就抓住了转变铁路发展方式的关键环节。

当前，新一轮科技革命和产业变革正在孕育兴起，互联网、大数据等现代信息技术的广泛应用、跨界融合深度等正在重塑运输组织形式、全程服务模式和物流供应方式。顺应新的时代变革，迫切需要铁路企业加快构建与各种运输方式无缝衔接，与物流各环节高效对接，与信息、金融、通关等深度融合的多式联运系统，提供全程综合服务体系，构建“运输＋”组织新模式。同时，大宗货物下降趋势明显，“白货”市场发展前景十分巨大，高附加值货物在国家产业政策刺激的影响下会呈现高速增长的态势，预计到 2020 年年均增长 30％左右，其中铁路货运量占比却十分有限。铁路企业必须正视货运市场变化及其新趋势，在坚定不移地稳定大宗货物市场的基础上，深化铁路运输供给侧结构性改革，不断适应物流市场变化需求，努力挖掘“白货”货源，促进货运结构调整，推出更多契合市场需求的货运产品，塑造企业发展新优势，加快推进铁路企业法治化市场化转型。

2. 铁路向运输物流转型是提高企业市场竞争力的需要

我国国民经济总量的快速增长，货物运输需求的不断提升，一定程度上促进了运输行业的发展。经过 40 年的改革开放，我国运输市场发生了很大的变化，民航、公路等交通运输方式发展迅猛，运输市场竞争空前激烈，各地经济发展对传统资源、能源依赖程度降低，大宗货物运输需求大幅减少，而高附加值、小批量运输需求迅速增长，对货物运输的快捷性、机动性、准确性、安全性提出了更高的要求。

2018 年 1 月 18 日，国家统计局公布 2017 年中国经济

"答卷":全年国内生产总值827 122亿元,按可比价格计算,比上年增长6.9%,实现了七年来的首次提速。但与此相反,由于多种因素的影响,我国铁路货运发展速度大大减缓,市场份额不断减小。与公路、民航及水运等行业相比,铁路长期以来形成的"服务功能单一"的经营模式,已越来越难以适应现代市场不断变化的需求。相比铁路,公路运输发展迅速,特别是公路密度大的经济发达地区,公路运输用其速度、灵活的优势,分流了铁路相当多的短途运量,铁路货源不断流失,铁路货物运输在综合运输体系中的地位受到冲击,所占的市场份额还不足15%。因此,将现代物流理念融入到铁路货运改革发展之中,加快铁路货运向运输物流转型步伐,是铁路企业提升在货运市场竞争地位的必然选择。

四、铁路向物流转型是提高企业经营效益的迫切需要

据有关部门统计,2016年全社会完成货运量433.35亿吨,同比增长5.7%。其中,公路累计完成货运量336.34亿吨,同比增长6.8%;铁路累计完成货运量33.32亿吨,同比下降0.8%;民航累计完成货运量667万吨,同比增长6%;水路累计完成货运量63.63亿吨,同比增长3.7%。在铁路货运量下滑的同时,全社会物流却实现较大幅度增长,需要我们深刻反思。

一方面,出现这种状况是受到铁路运输特点的影响,大宗物资运输是铁路运输的主要货源和运量来源,大宗物资运输需求下降,容易引起铁路运量下降。综合近20年铁路货运量波动来看,铁路货运量增速与全国GDP增速保持相同趋势。2015年全国GDP增速再次下降,达到6.9%,受累于全国宏

观经济疲软，铁路货运量也出现大幅下降。

另一方面，我们还必须清醒地看到，铁路货运不适应物流市场的发展，尤其不适应大宗货物之外的“白货”市场以及社会物流的发展变化趋势。

1. 铁路向运输物流转型是优化货运结构的客观要求

铁路货运中大宗商品运量占比巨大，大宗商品的需求减弱，严重影响铁路货运量及货运收入。2015 年我国大宗商品需求量大幅下降，直接影响煤炭、冶金类物品的运输需求，其中，煤炭铁路运量同比下降 12.6%，约占铁路货运量降幅的 70%以上。“十三五”期间，随着国家经济结构调整优化，煤炭、钢铁产能将进一步过剩，传统能源产业面临重大调整，煤炭消费量将进一步降低，铁路企业货运发展形势依然严峻。在煤炭、钢铁等资源性货物大量减少的大背景下，铁路企业要找到新的货源，挖掘新的增长点就必须加快向运输物流转型，深化供给侧结构性改革，持续优化货运产品结构，逐步扩大货运市场份额。例如，面对商品汽车运输这个有潜力巨大的市场，铁路及时开拓商品汽车运输业务，取得了不错的效果。统计数据显示，近年来，铁路商品汽车物流业务以年均 47.6% 的增长率快速发展，2016 全年完成 260 万台，2017 年铁路商品汽车运输专用车保有量达到 2 万辆，具备运输商品汽车 500 万台的能力。

铁路货运加快向运输物流转型，必然要进一步细分“白货”市场，充分满足更大的市场尤其是快递市场发展需求。2016 年中国快递市场业务量达 313.5 亿件，业务收入近 4 000 亿元，而中铁快运的年营收占比还不足千分之一。中铁快运在大类上划分成行包、高铁快递和货运，接取送达也已覆盖全路505个车站，而且快递市场上也细分为当日达、次晨达、次日达、隔日达和极速达，但铁路企业原有的软硬件设施及运营机制都很难有效支撑细分市场的整体营销需求。只有加快向运输物流转型，建立更加适应物流市场变化需求的管理体制和经营机制，才能真正为进一步优化货运产品结构提供必要的前提和基础。

2. 铁路向运输物流转型是提高企业经营能力的迫切需要

2016年年报显示，铁路总公司实现含税收入合计9 074.48亿元，同比下降0.96%，其中，货运收入2 541.45亿元，同比下降8.40%，占运输收入的42.87%。随着国内经济结构调整，高回报的货运收入走低，尽管低利润甚至带有公益性质的客运扛起了大旗，但由此带来的仍然是铁路总公司收益率持续走低。2016年，铁路总公司实现利润总额396.45亿元(含税后铁路建设基金408.18亿元)，同比下降25.84%。2017年一季度季报显示，铁路总公司实现收入及利润总额分别为2 244.60亿元和86.39亿元(含税后铁路建设基金118.67亿元)，税后利润为负。

在这种背景下，作为市场竞争主体和法人主体的铁路运输企业，指导思想、经营理念、组织方法等方面都必须有一个根本性的转变，“硬件”设备和“软件”服务也必须有一个根本性的提高，否则无法适应多种运输方式的激烈竞争的客观现实。伴随产业结构的调整和消费需求的转型升级，货运需求结构呈现出新的变化:传统货运需求增速放缓、新兴货运形态迅速崛起。只有加快向运输物流转型发展，全面深化运输供给侧结构性改革，增强铁路货运供给对“多样化、时效强、小批量、多频次"货运需求快速增长的适应性，才能引导和优化企业内部经营管理导向和营销水平，带动企业整体运输效率和效益增长，促进铁路企业市场经营能力的不断提高。

第二节 铁路货运向运输物流转型发展优劣势分析

我国是交通大国，也是全世界运输最繁忙的国家。2017年，我国全社会完成货运总量472亿吨，货运周转量19.3万亿吨公里，有效支撑了经济社会的发展。但就国家运输总体而言依然存在不少问题，突出地表现为综合运输体系结构不合理，公路货运量在全社会货运中占比过高而铁路货运量占比较少，铁路运输方式比较优势未能得到充分有效发挥。2008—2017年，公路货运量占比由74.1%上升到78%，铁路货运量虽然有所增加，但是占比却由13.2%下降到7.8%。

2008年的铁路货运量是33亿吨，到2017年的铁路货运量是36.9亿吨，增加了11%。但是公路货运量增加接近1倍，增加了91%。从结构上看，综合运输体系结构不是很合理。同时，部分区域铁路运输能力不足，港口和大型企业铁路专用线建设滞后、通达性不高，所以公路运输成为部分企业唯一的选择，承担了大量的大宗物资中长途运输任务，铁路运输低成本、低能耗的比较优势没有得到充分有效发挥。

【案例14】 STVA用火车运汽车的旗舰

法国汽车运输公司STVA自成立之日起，就能抓住转瞬即逝的机遇，征服种种挑战，发展至今已成为欧洲乃至世界上最著名的汽车物流集团之一。每年STVA集团直接或间接运输的汽车达到了400万辆，相当于整个欧洲市场的三分之一。在欧洲，整齐排列在火车车厢或者大型半拖挂车中的汽车，被运往各个下游的经销商和消费者的手中，在车厢上印着的不同公司标志中，STVA无疑是其中最抢眼的一个。

从20世纪50年代开始，汽车运输日渐成熟。法国汽车运输公司STVA成立于1959年10月20日，两年之后就拥有了40节双轴双层货车厢，每年运输1.2万辆车辆。20世纪60年代，STVA的车厢猛增到2 220节，年运输量为96.5万辆汽车。1965年，一群投资者决定把资金投入到汽车运载车厢的生产上，由此诞生了STVA合资公司。与此同时，法国的铁路系统也得到了快速发展，从那时起，几乎整个法国的汽车运输都开始使用双层运输货车服务。汽车物流在以后几十年的发展中高潮迭起、不断完善。今天，为客户量身定制已成为运输市场的发展趋势，这对物流服务商的要求也越来越高，物流服务商之间的竞争也愈演愈烈，而STVA集团现在已经稳当地坐在法国乃至欧洲汽车运输服务市场的头把交椅上。

STVA集团之所以能迅速壮大，与其在技术革新方面毫不吝惜人力、物力、财力的投入是分不开的。尤其是在研发领域的四项主要革新，保证了STVA集团铁路运输的竞争力。

1987年，连接英国和欧洲大陆的海底隧道即将开通，从欧洲铁路直接向英国运输成为可能。但是与欧洲其他国家相比，英国的铁路规格要略小一些，不适应欧洲大陆的火车。STVA预见到了这个问题，抢先开发出了适合英国铁道规格的货运车厢，为进军英国市场赢得了时间。

1993年年底，STVA设计了一种新式的双层货车保护措施。有大约2 400节货车安装了这种被称为“Wincar”的设备。这种设备在提供全面防护的情况下，也保证了装货和卸货的方便快捷。到1998年经过可行性验证之后，STVA所有的双层货车都安装了这种设备。Wincar最主要的好处是以较低的花费，为货物提供了绝佳的保护，避免了可能从侧面对所运车辆造成的破坏。

1996年，一种能将待运车辆牢牢固定住的横杆系统被用来保护车辆在运输和装货、卸货过程中的安全，这种系统主要通过一根电镀的铁棒将汽车的车轮牢牢固定。同年，一种新型的货运车厢开发成功。这种车厢专门用来运输像雷诺汽车那样等宽的汽车，这个设计又为STVA抢占市场、降低成本创造了条件。近年来，STVA致力于开发一种为客户量身定做的终端服务，这种适应性很强的服务包括一系列内容：准备工作、定制、标准和附加价值服务，如安装空气调节装置，安装液化石油气的转化装置等。

一、铁路货运向运输物流转型发展的明显优势

1. 丰富的企业运营资源

相对于公路、水路、航空等交通方式，发达的路网、充足的运能、雄厚的实力是铁路企业在运输市场中的主要竞争优势。具体来说，统一的全国铁路路网体系和现代化的货运技术设备，为发展运输物流提供了网络化的基础设施和坚实的设备保障。从路网规模来看，截止2017年底，全国铁路营业里程达到12.7万公里，其中高铁路网达到2.5万公里。贯穿全国的高铁路网看似和货运无关，但是正是高铁、客运专线的开通大大释放了货运能力，为铁路增大运输能力提供了条件。据《2016年交通运输行业发展统计公报》显示，全国铁路路网密度129.2公里/万平方公里，比上年增加3.2公里/万平方公

里。其中,复线里程6.8万公里,比上年增长5.2%,复线率54.9%,比上年提高1.4%;电气化里程8万公里,比上年增长7.4%,电化率64.8%,比上年提高3%。西部地区的铁路营业里程5万公里,比上年增加了2 230.9公里,增长4.6%。从移动装备来看,全国铁路机车拥有量为2.1万台,比上年增加87台,其中,内燃机车占41.8%,比上年下降0.9%,电力机车占58.1%,比上年提高0.9%。全国铁路货车拥有量为76.4万辆,货车车辆达到时速120公里技术标准,70吨级及以上通用货车占货车保有量的30%。大能力区际干线和煤运通道基本满足跨区域货运需要,煤运通道总能力达到30亿吨以上。

铁路拥有遍布全国的6 000多个车站、总面积达1 100多万平方米的货场仓库、较为完备的装卸搬运机具、众多与企业相连的专用线,以及相当规模的集装箱运输体系。根据物流理论,这些数目众多的站点是构成物流系统的重要组成部分,而物流节点是组织物流活动、完成物流功能、提供物流服务的重要场所。通过这些节点,可以将全国的各个物流环节、各子系统有效地融合起来,有利于实现物流活动的整体目标最优化。同时,铁路总公司还拥有200多万职工队伍、丰富的客户资源和品牌形象价值等方面的优势。作为专业化的运输企业,铁路对货物的装卸、保管、储存、运输、以及客户需求等方面都具有丰富的专业知识和运用管理经验,在多年发展中形成了一套相对完整的经营管理制度,这些都为铁路货运向现代物流发展提供了重要的软硬件资源。

2. 有利的外部发展环境

党的十八大后,习近平总书记先后在哈萨克斯坦纳扎尔巴耶夫大学和印度尼西亚国会分别提出共同建设“丝绸之路经济带”和“21世纪海上丝绸之路”的倡议，为中国铁路走出国门赢得了广泛的发展机遇和重要的政策支持，同时也为中国铁路货运发展指明了前进的方向。“一带一路”倡议开启了新形势下铁路货运生存与发展的新思路，犹如一针“强心剂”，给正处于“寒冬”之中的中国铁路货运市场带来了信心与希望。铁路企业正在积极构建“一带一路”铁路国际货运新格局，加快调整市场结构、努力参与和开辟国际铁路货运市场。

商务部公布，2016年中欧班列统一品牌正式启用以来，经中亚国家开行的中欧班列同比增长150%。根据《中欧班列建设发展规划(2016—2020年)》，到2020年中国将建设和发展43条中欧班列运行线路。中国社科院2016年上合组织发展报告指出，受国际经济形势总体低迷、大宗商品价格走低等因素影响，上合组织各成员国经济增速普遍放缓。在此背景下，“一带一路”建设为上合组织突破发展瓶颈带来机遇，成为上合组织深化区域经济合作的切入点和区域经济合作的增长点。此外，中方与各成员国将加紧落实《上合组织成员国政府间国际道路运输便利化协定》，促进区域内互联互通。在各方共同努力下，中欧班列迅速发展壮大，成为新时代联通亚欧大陆的实体纽带，带动我国内陆地区开放型经济发展，促进与沿线国家的务实合作，完善了国际物流运输体系，成为国际陆路运输的中国方案和中国贡献。所有这些信息都释放出积极有利的信号，为铁路企业向运输物流转型发展提供了前所未有的良好外部环境。

3. 不可比拟的行业优势

相对于其他交通运输方式而言，铁路运输具有不可比拟的行业优势。

(1)运行速度快。铁路货运每昼夜可达几百公里,远远高于公路货车和海上运输。

(2)运输能力大。铁路一列货物列车一般能运送3 000~5 000吨货物,远远高于航空运输和汽车运输。

(3)铁路运输的准确性和连续性强。铁路运输几乎不受气候等自然条件的影响,一年四季可以不分昼夜地进行定期的、有规律的、准确的运转,安全可靠。

(4)运输成本相对较低。铁路运输费用仅为汽车运输费用的几分之一到十几分之一。

铁路运输无论是在价格、时限或是服务上都比航空运输以及公路运输要更具优势,尤其是长距离运输以及大宗物资的运输。

在我国幅员辽阔、内陆纵深等具体实际国情背景下,铁路运输所具有的不可替代性决定了其在现代物流中无法取代的地位。相较于航空运输来说,铁路运输可将经过的所有区域进行物流集散,并能够通过铁路网络将物流运输到任何一处;相较于公路来说,铁路运输的运输距离要更远,且覆盖区域更广;相较于水路运输来说,铁路运输点更为密集,能够联结全国所有区域;相较于管道运输来说,铁路运输范围较广,几乎所有物品都能够通过铁路物流运送。可以说,我国铁路在技术装备等“硬件”上与发达国家的差距已大大缩小,铁路运输生产能力大大提高,为铁路企业通过向运输物流转型发展而实现增运增收、提高经济效益都打下了良好的基础。

二、铁路货运向运输物流转型发展的相对劣势

1. 货运产品和服务项目单一

铁路货运以大批量整车运输和集装箱运输为主，而其他货运产品种类较少，特别是全路绝大多数车站取消“零担业务”后，部分客户高频次、小批量、个性化的运输服务需求更是无法及时得到满足。

由于铁路运输的货物大多数是普通一般货物，因此货运服务仍然以运输、保管、装卸、搬运等传统基本服务为主，在高端物流服务以及高附加值服务上涉及项目相对较少，必要的现代物流延伸服务没有得到实际有效的拓展，迫使许多大客户常常通过使用自身车辆、租赁车辆或是与第三方物流公司合作等办法来实现“门到站”“站到门”的运输。即便是在零散“白货”运输中所探索尝试的“门到站”“站到门”等增值服务中，还仍然没有通过系统集成真正形成所谓规模经济效益。

2. 服务意识和水平较低

在传统运输生产型模式的影响下，一些干部职工还没能很好地转变观念，接受新的思想。就连一部分有着多年铁路货运工作经验的管理人员也表现出对于新事物的接受能力不强、等靠思想严重，导致服务意识、市场意识、效益意识不强，影响了铁路货运的市场营运能力和市场竞争能力。同时，由于运输物流专业人才缺乏，影响了铁路企业对现代物流相关知识的全面认识和深入了解，直接导致出现物流供应链各服务环节相对脱离的状态，难以满足人民日益增长的美好生活对“货畅其流”的基本需求。与竞争对手相比，无论在运输物流的速度、价格以及灵活性等方面都处于明显的竞争劣势地

位，铁路企业物流服务水平总体相对较低。

3. 市场敏感度和竞争力较弱

我国铁路货物运输一直以传统粗放型运输为主，产成品运输发展缓慢，在与其他运输方式的竞争中处于劣势，例如，运价调整滞后、市场反应灵敏度差、运输速度有待提高等，企业核心竞争力弱化较为明显。加之近年来航空运输、水路运输以及公路运输快速发展，铁路运输的市场份额呈现出了快速缩小的趋势。物流业的市场准入放开后，国外具备雄厚实力的专业大型物流公司纷纷进军中国市场，他们凭借先进的管理理念和技术以及雄厚的资金，正在有选择地进入一些盈利水平高、市场潜力大的业务领域，占据了铁路运输新的增长点，如集装箱运输、冷藏运输、国际多式联运、快件运输和特货运输等各种专业性运输，并且依靠物流产品的质量、价格、服务等优势，正在对我国铁路货运形成直接甚至是致命的冲击。

4. 网络延伸和运输能力不强

我国各个省、市、自治区都已覆盖了铁路网络，但再向下一级网络延伸时能力仍显不足。以中铁快运为例，虽然在我国 500 多个城市中建立起了 700 多个营业点，但当需要将货物运送到县一级的行政单位时，其运输能力的不足就显现出来。尽管部分铁路局集团公司积极尝试利用铁路的大网络优势来逐步开发小网络，逐步建立起辐射省一级的区域配送仓库，并给区域内的客户提供了配送上门的服务，试图有效解决区域内配送时限要求高、小批次等具体问题。但由于区域网络的不完善，使得铁路企业区域配送的项目较少，且往往是将全国大中型城市设为到站，导致其他部分区域的客户要求无法得到充分满足。而且铁路货运需要进行列车编组和中转改编，无形中增加了物流运输时间，再加上装卸次数较多，货物损毁或丢失事故通常比其他运输方式要多一些。

第三节　铁路货运向运输物流转型的途径——集约化

物流业务由多个成员与环节组成，现代物流运作要求成员之间、环节之间的业务衔接更加紧密，因此必须对业务信息进行高度集成，以实现供应链的整体化和集成化运作，缩短供应链的相对长度，使物流作业更流畅、更高效，更快速，更加接近客户和需求。集约化的基础是业务流程的优化和信息系统的集成，二者都需要有完善的信息系统支持，实现系统、信息、业务、流程和资源等的集成。

相对于传统物流而言，现代物流就是根据客户的需求，将信息、运输、仓储、库存、装卸搬运、包装等物流活动综合起来进行集成式管理，以最经济的成本费用，将物品从供给地向需求地转移的过程。物流的本质就是八个字："资源整合，流程优化"，前提是资源整合，在整合的基础上优化流程。

【案例 15】　德国、法国整合铁路物流资源

20 世纪 90 年代，德国、法国铁路公司都曾遇到过类似于今天中国铁路货运量下降的情况。他们为了降低成本、扩大盈利，关闭了部分运量小、盈利少的货运站，并且将路网中的货运站进行整合，集中货流，建设大型枢纽铁路物流中心、多式联运中心、铁路物流园区等，在充分发挥铁路优势的同时，实现多种物流功能的融合，探索构建新的综合运输体系。

一、深刻领会集约化的科学内涵

物流集约化指通过一定的制度安排，对供应链上物流系统的功能、资源、信息、网络等要素进行统一规划、管理和评价，通过要素之间的协调和配合使所有要素能够像一个整体在运作，从而实现供应链物流系统要素之间的联系，达到供应链物流系统整体优化的过程。这是目前许多大型物流企业发展的主要方向。

集约化的“集”，就是集合人力、物力、财力、管理等生产要素，进行统一配置；“约”，则指在集中、统一配置生产要素的过程中，以节俭、约束、高效为价值取向，进而降低成本，实现高效管理。

2013 年 5 月 28 日，阿里巴巴集团、银泰集团联合复星集团、富春集团、顺丰集团、三通一达（申通、圆通、中通、韵达），以及相关金融机构共同宣布，“中国智能物流骨干网”（简称“CSN”）项目正式启动，合作各方共同组建的“菜鸟网络科技有限公司”正式成立。“菜鸟”小名字大志向，其目标是通过 5～8 年的努力打造一个开放的社会化物流大平台，在全国任意一个地区都可以实现 24 小时送达的目标。

二、以集约化为目标推动铁路货运转型发展

铁路企业在向运输物流转型发展的改革进程中，首先要重视整合既有设施设备资源，在路网性重要节点尤其是在铁路与公路、航空等交通方式的衔接点设置铁路物流中心，整合铁路与其他交通方式的各种优势，充分利用社会其他物流资源。同时，加快实现铁路物流由运输生产型向市场经营型转

变，牢固树立“把方便让给货主、把麻烦留给自己”经营理念，强调“后厂”主动为“前店”服务，积极营造“后厂”必须能够提供与“前店”相适应的运力配置和运输保障的企业内部氛围。

1. 必须牢固树立“一盘棋思维”，优化企业内部车、机、工、电、辆各子系统之间协同配合流程，充分发挥“后厂”运力配置、物流服务和运输保障作用。

2. 积极倡导“运输组织服务于货流变化”的价值取向，优化货运、装卸、物流配送等运输组织流程，通过“开车应流”和“实货”组织装车，从而完成“后厂”“前店”之间的有效衔接和无缝对接，使铁路货运链条整体都能“快”起来，最大限度地提高运输质量和服务质量。

第四节　铁路货运向运输物流转型的关键——信息化

信息化是指物流企业运用现代信息技术对物流过程中产生的全部或部分信息进行采集、分类、传递、汇总、识别、跟踪、查询等一系列处理活动，以实现对货物流动过程的控制，从而降低成本、提高效益的管理活动。

现代社会已步入信息时代，物流信息化是社会信息化的必然要求和重要组成部分，而且现代物流与传统物流的本质区别，就在于信息技术的有力支持、集成整合的系统观念和运营模式。物流信息化是现代物流的灵魂，是现代物流发展的必然要求和基石。

物流信息化表现为物流信息的商品化，物流信息收集的代码化和商业智能化，物流信息处理的电子化和计算机化，物流信息传递的标准化和实时化，物流信息存贮的数字化和物流业务数据的共享化等。物流信息化促进了物流功能的改变，使得那些在工业社会里的产品生产中心、商业贸易中心发挥的主导功能发生了根本转变。传统的物流业以物为对象，聚散的是物；而信息社会物流不再仅仅传输产品，同时也在传输信息。物流中心的聚散功能除针对实物之外，还要完成对各种信息的采集和传输，各种信息被聚集在那里，经过加工、处理、使用，再传播出去供全社会共享使用，使物流的功能更强大。

【案例 16】 大数据在客户关系管理中的应用

披萨店的客服电话铃响了……

客服：××披萨店。您好，请问有什么需要我为您服务？

顾客：你好，我想要点外卖。

客服：先生，烦请先把您的会员卡号告诉我。

顾客：16846146×××。

客服：陈先生，您好！

顾客：你好。

客服：请问您选择什么口味的披萨？

顾客：你有可推荐的口味的么？

客服：您可以试试我们的低脂健康比萨。

顾客：好。那我要一个家庭特大号比萨，要付多少钱？

客服：99 元。您是刷卡支付还是现金支付？

顾客：现金支付。

客服：你的派送地址是家庭地址还是工作地址？

顾客：家庭地址吧。

客服：您的派送地址是在泉州路一号 12 楼 1205 室，电话是 139×××××××××，对吗？

顾客：是的。你们大概多久送到？

客服：根据我们 CRM 外卖平台显示的您家庭住址距离我们披萨店的距离，大概需要 30 分钟。

顾客：好的，谢谢。

一、补强铁路货运信息化服务"短板"

铁路部门自主开发的集线上交易、信息交互为一体的中国铁路 95306 网站、网上营业厅服务平台与物流厂站信息系统，推动了物流信息化的建设。广泛应用的互联网大数据等技术也推进了货运从受理到生产管理，一直到整个追踪电子支付、调度指挥全程的深度融合，为客户提供了更好的体验。专门用来支撑铁路两端送达服务的信息系统、定位追踪装置也实现了实时监控。客户可以通过 95306 网站对货物状态进行全程追踪，同时实现了与海关及相关港口、部分大型生产和物流企业进行数据交换。

铁路运输企业在信息化建设方面取得了不小的进步。但从铁路货运营销的信息化服务层面来看，还存在与现代物流市场脱节的问题。由于信息化服务的不充分，致使铁路货运物流服务的无线传输、定位跟踪、条码射频等技术无法整合，在与市场客户的交流与沟通方面缺少公开、共享的信息平台，制约了铁路货运向物流转型发展。

在"互联网＋"行动计划和国家大数据战略环境下，铁路企业迫切需要主动拥抱"互联网＋"所带来的变革和创新机遇，积极推进铁路大数据战略的实施，加快信息系统整合，构建信息共享服务平台，加强物联网、云计算、大数据、电子数据交换系统(EDI)等技术的进一步开发应用。铁路企业拥有完整、先进的铁路运输管理信息系统(TMIS系统)等潜在资源，应将其中非涉密信息与95306网站、社会信息平台集成共享，构建全新移动信息平台，保证物流过程透明。与此同时，借助各类信息平台，运用互联网、大数据等现代信息技术，研究开发面向客户的多样化信息服务产品，实现需求提报、到达交付、信息查询、通关查验、转账结算、保价理赔等“一站式”线上服务。

面对多样化、强时效、小批量、多频次的货运市场需求，铁路企业还要积极探索新的服务模式，尝试实施电子运单等信息化手段提高货运服务水平，增强铁路企业竞争力。电子单据和纸质单据相比在使用过程中有较高的安全性、高效性和便捷性，它可以在很大程度上节省资源，提升运输效率，提高客户运输服务质量。2018年，铁路总公司开始强力推行货运票据电子化，目的是适应物流“一单制”运输需求，提高运输服务质量，简化货运手续。这是铁路总公司贯彻落实“强基达标、提质增效”工作主题，着力推进铁路货运应用技术创新，规范铁路运输信息采集，简化作业环节，降低铁路成本，全力推进货运组织改革的有力之举。

通过实施货运票据电子化，不但能有效提高物流服务水平，还能为铁路企业下一步建立市场分析机制，及时掌握物流产生、流动、变化等情况，为货运市场研发提供及时准确情报信息。在此基础上，优化运力资源配置，增强铁路运输适应市场、服务市场、赢得市场的能力。

通过实施货运票据电子化，有利于建立和形成货运价格调查机制，为铁路企业有针对性地制定价格策略，形成市场化的铁路物流价格机制从而为降低全社会物流成本发挥主导作用。

推行货运票据电子化，可以加强运输调度管理系统、货运信息系统等的互联互通，为货主提供更加及时、可靠的货物追踪、库存监控等信息，使客户可以及时掌握货物在途及库存状况，减少市场风险，积极地应对市场变化，进一步提升客户满意度。

二、建全铁路货运信息采集应用系统

现代企业运用大数据的成熟做法为铁路货运的信息化提供了有益的启示和借鉴，那就是信息化必须从最基础的工作——信息采集做起。2016 年原兰州铁路局对此进行了尝试。

首先，他们建立起“三大普查”数据分析机制。通过普查对甘肃、宁夏两省区社会区域经济发展和产业规划、企业物资产运销总量、社会物流企业发展现状等等有全面深入地了解，掌握相关数据。真正做到“五个清楚”，即：清楚区域经济发展方向、清楚管辖区域内物流需求总量、清楚重点企业运输需求、清楚竞争对手状况、清楚各地市货物运输汽车数量和主要流向覆盖区域，掌握第一手宝贵资料。

其次，组织 210 名驻企代表加强与所在企业的联系，深度融入企业产、运、销各环节，围绕煤炭、金属矿石、焦炭、钢铁四个大宗品类，详细掌握 70 多家大型企业运量，盯住酒钢、靖煤、宁煤等大型企业的产、销、运等信息。

在采集信息的同时，铁路企业还应该重视通过大数据分析获取货源信息，开发有价值的市场信息。对于货主在

95306网站上提出的需求，通过明确各区域、各货物品类的需求，铁路企业可以有针对性地跟进营销、为其量身制定合理的运输需求计划，更快更准确的进入目标市场。

首先，各装车点可以对去年同期或前期发运的各站的发运量较大或有特点的零散快运进行分析，了解客户的特点、客户代表情况、全年的发运量、发运周期等，以此为基础开展有针对性的营销工作。

其次，纵向分析各装车点去年同期的情况，根据历史特点拟定其他装车点的营销重点。

最后，充分利用网络信息、公路货源平台——“货车帮”“天下通2.0”等货源信息共享平台，以及微信和QQ等自媒体，多手段、多途径获取货源零散快运信息，通过分析货源结构，了解市场动向，从小货源中找到大市场和大机会，实现零散快运上量，千方百计扩大货运市场份额。

第五节　铁路货运向运输物流转型的利器——标准化

标准化是现代物流技术的一个显著特征和发展趋势，也是实现现代物流的根本保证。货物的运输配送、存储保管、装卸搬运、分类包装、流通加工等作业与信息技术的应用，都要求有科学标准。例如，物流设施、设备及商品包装、信息传输等的标准化等。只有实现了物流系统各个环节的标准化，才能真正实现物流技术的信息化、自动化、网络化、智能化等。

物流标准化是指以物流为一个大系统，制定系统内部实施、机械装备、专用工具等各个分系统的技术标准；制定系统内各分领域如包装、装卸、运输等方面的工作标准；以系统为出发点，研究各分系统与分领域中技术标准与工作标准的配合性，按配合性要求，统一整个物流系统的标准；研究物流系统与相关其他系统的配合性，进一步谋求物流大系统的标准统一。

【案例17】 "1号店"率先尝到托盘标准化的"甜头"

2008年7月11日，"1号店"正式上线，开创了中国电子商务行业"网上超市"的先河。该公司独立研发出多套具有国际领先水平的电子商务管理系统，拥有多项专利和软件著作权，重视在系统平台、采购、仓储、配送和客户关系管理等方面加大投入，打造自身的核心竞争力，以确保高质量的商品能以低成本、快速度、高效率流通，让顾客充分享受全新的生活方式和实惠方便的购物体验。其中，托盘的标准化功不可没。据相关数据显示，以12.5米的厢式卡车为例，其散货运输的装卸时间大概是3～4小时。而"1号店"率先引入托盘标准化作业之后，将装卸时间大幅缩短，只需20～30分钟左右即可完成，装卸效率提高约90%左右，而货品破损率约为原有的50%。

一、标准化是现代物流的显著特征

国务院副总理汪洋曾在深圳考察物流工作时强调，要加快物流标准化建设，提高物流信息化水平，减少流通环节，提高流通效率，降低物流成本，为经济社会发展提供有力支撑。标准化是现代物流业发展的重要基础，是提高流通效率的重要手段。货物的运输配送、存储保管、装卸搬运、分类包装、流通加工等作业都要求有科学的标准。

目前的实际情况来看，我国物流企业共有8亿多个托盘，绝大部分是非标准化的，而且多数没有实现循环共用，既浪费资源、增加成本，也影响效率。我国物流成本之所以难降，与物流体系标准化水平低有很大关联，尤其是托盘的标准化程度低，大大降低了物流效率。2017年1月18日，中国物流与采购联合会会长何黎明在《中国物流业2016年发展回顾与2017年展望》中称，2016年物流总费用约11万亿元，同比增长3%左右，与GDP的比率有望降至15%以内，这是该数值连续四年下降，但这一比率仍然高于世界平均水平。发达国家这一比率在8%～9%，其中美国物流成本约为当年GDP的8%；日本物流成本约为当年GDP的11%。

二、大力提高铁路货运标准化程度

中国物流与采购联合会的调查数据显示，在我国商品流通中，因不必要的搬倒腾挪产生的流通费用占流通总费用的25%左右，主要表现在海、铁、公多式联运比重低、甩挂运输进展缓慢等方面。在欧洲国家的国际成熟港口中，海、铁、公多式联运比重占货物运输总量的30%左右，而我国的这个比重不到5%。针对这一问题，非常有必要推动铁路货物运输与上下游之间进行智能化、标准化对接，即用智能化管理实现货运“订单化”匹配，降低库存成本；用标准化手段减少不必要的搬倒腾挪，进一步降低装卸成本。

铁路货运标准化程度比较低，在各类车辆装卸设备之间、与其他运输方式之间等，都不同程度地存在着标准不统一的问题，直接影响了各流程的有序衔接和发展多式联运。铁路企业加快向运输物流转型发展，就必须加大运输设备集装化、标准化推广力度,研究集装化、标准化货运车辆等设施设备更新应用,推广使用托盘、集装箱等标准化基础装载单元。货运组织改革以来,铁路企业把集装箱运输作为向运输物流转型、推进市场化改革的重要途径,通过拓展入箱货物品类、扩大集装箱办理站、发展铁水联运业务、打造中欧班列品牌等举措,推动集装箱运量快速提升,成为铁路货运增长新亮点。集装箱运输便于中转"无缝"衔接,提高作业效率,减少货损货差约10%,因提高装卸作业效率缩减成本12%,对企业降本增效作用明显。

2015年年初,铁路总公司决定在全路范围内开办零散快运和批量零散快运集装箱货物运输业务。从此时开始,铁路集装化运输出现了较大幅度的增长,根据相关数据显示,2016年铁路集装箱发送量达761万标箱,同比增长39.5%。物来物网供应链管理有限公司董事长牛志文认为,在2016年上半年其所接触的货主中,选择铁路集装箱运输的客户数量有所增加,而这部分客户此前选择的运输方式主要是公路运输。今后铁路货运要加快向运输物流转型发展,就必须不断加强集装箱运输配套能力建设、增强为客户"私人订制"空间,努力促进集装箱运输上量。

三、积极促进铁路货运集装箱多式联运

集装箱多式联运具有产业链长、高效便捷、集约经济、安全可靠等优势,是货物运输发展的重要方向。发展铁路集装箱多式联运,对推进铁路运输供给侧结构性改革、扩大铁路有效供给、更好发挥铁路比较优势、降低全社会物流成本等具有重要作用。伴随产业结构和消费需求的转型升级,货运需求

结构呈现出新的变化，传统货运需求增速放缓，新兴货运形态迅速崛起。与此同时，随着我国铁路建设的飞速发展，基础设施不断完善，技术装备大幅提升，服务水平整体跃升，为铁路集装箱多式联运发展奠定良好基础。

我国幅员辽阔，内陆纵深，“三大战略”深入推进，将促进区域协调发展和产业梯度转移，内陆市场空间讲进一步得到拓展。铁路集装箱多式联运顺应新的市场需求，符合国家区域发展空间拓展战略需要。国家发改委、交通运输部、中铁总联合印发《“十三五”铁路集装箱多式联运发展规划》预计：到2020年，中欧班列年开行5 000列、铁路集装箱运输占比达20%以上、促进多式联运比重提高1.5倍，届时铁路货运对我国经济社会发展的支撑保障作用将更为突出。

加快发展以集装箱为核心的铁路运输组织方式，减少货物损耗，提高物流效率，集约利用资源，加强跨区域运输，适应新形势下区域内运输需求，已成为扩大铁路货运供给的重要内容和铁路转型升级的重要途径。

首先，优化服务，积极拓展市场。铁路企业要尊重集装箱运输的市场规律，发挥市场主体作用，对接市场需求，积极响应新的业态模式，延伸服务链和价值链，提升铁路集装箱的运输服务水平，整合运输资源，提高运输组合效率。

其次，创新引领，促进衔接高效。铁路企业要强化管理、技术、服务创新，加大集装箱多式联运关键技术研发和推广力度，提升信息化和智能化水平。优化网络布局，充分发挥既有铁路场站、公路场站、港口等的功能和作用，提高衔接效率。

最后，发挥优势、不断扩大供给。铁路企业要发挥比较优势，创新市场营销策略和手段，满足不同客户和目标市场需求，在全程服务、运输组织、运到时限等方面加强管理，增加集装箱有效供给，着力扩大铁路集装箱市场份额，不断提高企业市场竞争力。

第六节 铁路货运向运输物流转型的方向——全球化

开放是国家繁荣发展的必由之路。党的十九大报告反复强调“开放带来进步，封闭必然落后”“中国开放的大门不会关闭，只会越开越大”“中国坚持对外开放的基本国策，坚持打开国门搞建设”“发展更高层次的开放型经济”。事实证明，以开放促改革、促发展，不仅是我国经济持续增长的基本经验，也是我国现代化建设不断取得新成就的重要法宝。

今天的世界，正面临经济全球化进程的深刻转变。一方面，经济全球化已成为不可逆转的时代潮流，让世界经济的大海退回到一个个孤立的小湖泊、小河流是不可能的。另一方面，经济全球化在形式和内容上面临新的调整，理念上更加注重开放包容，方向上更加注重普惠平衡，效应上更加注重公正共赢。为了实现资源和商品在国际间的高效流动与交换，促进区域经济的发展和全球资源优化配置的要求，物流运作必须要向全球化方向发展。如何为国际贸易和跨国经营提供服务，如何选择最佳的方式与路径，以最低的费用和最小的风险，保质、保量、准时地将货物从某国的供方运到另一国的需方，使各国物流系统相互”接轨”，代表着物流发展的更高阶段。

【案例 18】 中国“丝路”列车首抵伊朗，铁路将延至欧洲

2016年2月27日，中央电视台、参考信息网报道称，“首列连接中国与伊朗的“丝绸之路”列车于15日满载中国货物抵达德黑兰，列车所用时间比从上海到伊朗阿巴斯港的海路节省了30天。据国家发改委网站消息称，2015年，全国铁路累计完成货运量33.6亿吨，同比下降11.9%，主要是国内煤炭、铁矿等大宗货源运量下滑。面对国内市场严峻挑战，在2016年新年伊始，铁路精心策划组织了浙江义乌发往伊朗首都德黑兰的货运班列，充分体现了铁路货运营销的新思路，即全球化思路。浙江义乌是“世界小商品集散中心”，而伊朗已成为义乌第五大出口对象国，2015年往来义乌的伊朗客商达2万多人次，经义乌海关监管出口1.8万标箱的货物。此次连接中国与伊朗的货运班列的推出正是铁路企业抓住市场需求而实施的精准全球化营销。

一、全面开放新格局为铁路货运转型提供了新机遇

顺应全球化趋势，落实“一带一路”倡议，与丝路沿线各国共建“一带一路”铁路大通道，共同开发国际物流市场，是中国铁路实施走出去战略的重要内容。近几年来，中欧、中亚班列大量开行，特别是精心打造的统一品牌“中欧班列”，以其安全快捷、绿色环保、受自然环境影响小等综合优势，成为了国际物流陆路运输的骨干方式。中欧班列、中亚班列的开行，搭建了国际货运班列“大动脉”，让“中国制造”走出国门，也让海外产品走进中国的千家万户，为“一带一路”建设提供了有力的运力保障。以“一带一路”建设为统领的全面开放新格局的构建，使我国与沿线国家的经贸往来发展迅速，铁路互联互通、跨境跨区域多式联运走廊不断完善，中欧铁路班列蓬勃发展，

为支持引领国际物流系统加速形成，构筑国际物流运输品牌，带来了难得历史机遇，创造了崭新发展平台。

随着“一带一路”建设不断推进，我国与欧洲及沿线国家的经贸往来发展迅速，物流需求旺盛。2017 年 5 月 27 日，《人民铁道报》称：中欧班列发展 6 年来，至今已累计开行 4 000 多列，今年开行数量突破 1 000 列，安排班列运行线 51 条，达到日均 9 列的水平，国内开行城市达到 28 个，顺畅连接境外 11 个国家 29 个城市，货物品类日益丰富，已从手机、电脑逐步扩大到目前衣服、鞋帽、汽车及配件等品类。回程班列数量已超去程班列的一半，呈现出良好的国际品牌效应和发展前景。铁路总公司的信息显示，截至 2017 年 11 月初，中欧班列总开行数量已经突破 6 000 列，提前实现《中欧班列建设发展规划(2016—2020 年)》确定的“2020 年中欧班列枢纽结点将基本建成，中欧班列年开行 5 000 列左右，回程货物明显提高”等目标。中欧班列已成为“一带一路”建设看得见、叫得响、好于预期的首批落地成果，并成功纳入 2017 年 5 月 14—15 日召开的“一带一路”国际合作高峰论坛成果清单。

在取得成绩的同时，我们还必须看到中欧班列开行以来，具体运行中仍然存在许多问题，例如，进出口货源不平衡、通关及换装效率低、信息不对称可视化程度低等。今后，为进一步开好中欧班列，要加强与沿线各国铁路的合作，压缩班列全程运行时间，加快发展集装箱国际物流运输，拓展国际全程物流业务，完善国际联运价格机制，推进境外经营网点建设，积极开发返程货源，扩大我国铁路的国际物流市场份额。同时，积极推进铁路内陆港、铁路场站口岸建设，加强与港航企业协作，加大铁水联运力度，强化港口集疏运能力，为沿海地区参与全球经济合作提供运力支撑。

2017 年 5 月 26 日，中欧班列运输协调委员会正式成立，这标志着中欧班列发展建设进入新的阶段，对推动中欧班列优质可持续发展，打造中欧班列国际物流品牌，更好地服务国家“一带一路”建设，具有重要意义。委员会将重点协调推进十项工作：

1. 实施中欧班列中转集结组织。

2. 开通 95306 国际联运信息平台。

3. 搭建中欧班列冷藏箱信息共享平台。

4. 推出全程铁路保险服务。

5. 推进中欧班列提单研究和使用，进一步适应国际贸易多式联运的单证需求。

6. 探索开展宽轨集并组织，进一步降低班列全程运输成本。

7. 加强对外价格谈判。

8. 共同构建班列境外运营能力。

9. 共同推进编制全程运行图。

10. 开辟新的运输通道。

中欧班列运输协调委员会将成为中欧班列各参与者间交流沟通、凝聚共识、深度融合、共商发展的合作平台，为促进国家和地方对外开放和国际贸易发展，更好服务和落实国家“一带一路”建设作出新的更大贡献。

二、资源全球化流动为铁路货运转型提供了新空间

面对资源在全球范围内的流动和配置大大加强，越来越多的外国公司加速加入中国市场，同时一大批中国企业也正

融入全球产业链之中，这势必加剧中国企业在本土和国际范围内与外商的竞争，也对我国的物流业发展提出了新的更高的要求。

2013—2015年，我国连续三年成为世界第一大货物贸易大国，2013年货物出口在世界市场份额超过11%，2014年达到占全球贸易总额12.2%，2015年达到13%左右。2016年，我国对“一带一路”部分沿线国家出口保持增长增长的态势。其中，对巴基斯坦、俄罗斯、波兰、孟加拉国和印度等国出口分别增长11%、14.1%、11.8%、9%和6.5%；对欧盟出口增长1.2%，对美国出口微增0.1%，对东盟出口下降2%，三者合计占我国出口总值的46.7%。应该说，铁路企业适应经济全球化而拓展货运转型发展的全球化视野正当其时。

2017年，世界经济持续温和复苏，国内经济稳中向好，推动全年我国外贸进出口持续增长，发展潜力正逐步得到释放。据海关统计，2017年，我国货物贸易进出口总值27.79万亿元人民币，比2016年增长14.2%，扭转了此前连续两年下降的局面。其中，出口15.33万亿元，增长10.8%；进口12.46万亿元，增长18.7%。2017年，我国进口铁矿砂10.75亿吨，增长5%；原油4.2亿吨，增长10.1%；大豆9 554万吨，增长13.9%；天然气6 857万吨，增长26.9%；成品油2 964万吨，增长6.4%。此外，进口铜469万吨，减少5.2%。

在资源全球化流动加速的新环境下，铁路企业必须抓住难得的历史机遇，把握好现代物流的发展趋势，充分利用资源全球化流动为铁路货运转型提供的新空间，顺应市场经济规律变化，与时俱进，运用先进的管理技术和信息技术，提高物流作业的管理能力和创新能力，提升企业竞争力，在经济全球化发展热潮中扮演好自身角色，加快推进向运输物流转型发展。

第七节　铁路货运向物流转型需要用好营销组合策略

市场营销的主要目的是满足消费者的需要，而消费者的需要很多，要满足消费者需要所应采取的措施也很多，企业应如何着手呢？市场营销组合策略是不错的选择。营销组合指的是企业在选定的目标市场上，综合考虑环境、能力、竞争状况，对企业自身可以控制的因素加以最佳组合和运用，以达成企业目的，完成企业的任务。市场营销组合是制定企业营销战略的基础，是保证企业从整体上满足消费者需求的根本途径。企业在开展市场营销活动时，必须把握住该学科框架下的基本性措施，合理组合、优化配置，充分发挥企业的整体优势和效果。

营销组合这一概念是由美国哈佛大学教授尼尔·鲍顿于1948年最早采用，并确定了营销组合的12个要素。随后，理查德·克莱维特教授把营销组合要素归纳为产品、价格、渠道、促销。在此基础上美国密西根大学斯麦基教授结合物流的具体特性，提出了著名的物流7R理论。7R是指7个Right，即恰当的质量(Right Quality)，恰当的数量(Right Quantity)，恰当的价格(Right Price)，恰当的商品(Right Commodity)，恰当的时间(Right Time)，恰当的场所(Right Place)和恰当的顾客(Right Customers)。这是一种对“物流”简单明了的定义，该理论倡导“物流就是将恰当的质量，恰当的数量,恰当的价格,恰当的商品,在恰当的时间送到恰当的场所,交到恰当的顾客手中。”斯麦基教授认为,在服务上所有物流企业都需要为客户提供上述七个方面的恰当服务,而在总体上,坚持物流合理化的原则,就是在兼顾成本与服务的前提下,对物流系统的构成要素进行调整改进,实现物流系统整体优化。

【案例19】 宝洁公司产品差异化战略

宝洁公司的对洗发水市场的分析,不是根据消费者人口统计变量特征(如年龄、性别等),而是依据消费者头发的特性来细分市场的。例如,海飞丝,是针对需要去屑的头发;潘婷,是针对需要营养的头发;飘柔,是针对想要柔顺的头发;沙宣,是针对想要专业美发的头发。每一个品牌的产品都有其特定的市场,并且每个品牌下的产品又有更具体的细分。例如,潘婷,针对缺少营养的头发,又细分为乳液修复系列、丝质润滑系列、强韧防掉发系列、染烫损伤系列等。宝洁公司产品市场细分是全面和精准的,几乎覆盖了所有的洗发水市场,最大限度的扩大了其市场占有率。

铁路企业从货运组织改革以来,在管理和服务上有了很大提升。紧紧抓住“一带一路”建设机遇,从只服务国内市场向运筹国内国际两个市场转变。同时,还搭上“互联网+”的快车,货运从单一的线下经营变成O2O(Online to Offline)覆盖。在95306网站大宗商品服务平台上,最早打造线上交易的铁路局集团公司有时一个月的业务量就达到500多万吨,接近全路业务量的一半。很多铁路局集团公司还介入了电商、快递等业务领域。可以说,品类全覆盖、服务全流程,经营全方位,管理全过程,货运组织改革让铁路运输企业在市场经济大潮中迸发出了勃勃生机。

为贯彻落实中央关于调整运输结构、增加铁路运输量的决策部署，铁路总公司将实施《2018—2020 年货运增量行动方案》，进一步提升运输能力，降低物流成本，优化产品供给，到 2020 年，全国铁路货运量将达到 47.9 亿吨，较 2017 年增长 30%，大宗货物运量占铁路货运总量的比例稳定保持在 90%以上。

面对新的形势任务，铁路企业如何把市场细分、目标市场、市场定位等贯穿于制定铁路货运营销的战略之中，如何让货运产品、价格、渠道、促销等组合变成多彩的“魔板”，以恰当的质量、恰当的数量、恰当的价格、恰当的商品、在恰当的时间送到恰当的场所，交到恰当的顾客手中，既是铁路企业向运输物流转型发展必须要解决好的问题，也是货运增量行动能否得到有效贯彻落实的关键。

一、以“恰当质量”为核心，提高铁路货运服务水平

可靠性是市场营销学中测量服务质量的重要指标，其被定义为“准确可靠地执行所承诺服务的能力”。可靠的服务行动是客户所希望的，它意味着服务企业需要兑现其所有的保证，以相同的方式无差错地准时完成服务。在服务质量维度中，可靠性被消费者一致认为是服务质量感知最重要的决定因素。从更广泛的意义上说，可靠性意味着铁路企业必须按照其承诺行事，包括送货、提供服务、问题解决及定价方面的承诺等。客户都喜欢与信守承诺的企业打交道，特别是那些能信守关于核心服务方面承诺的企业，因此，所有的企业有必要关注客户对可靠性的预期，如果提供给客户的服务与客户

感知不相符合，会直接导致客户的失望和不满意。

1. 牢固树立优质服务理念

如何通过“恰当的质量”来提高客户满意度，是当前铁路货运提高服务质量亟待解决的根本性问题。货运组织改革以来，铁路企业改进了货运受理方式，取消了许多不必要的中间环节，业务模式也越来越多元化，电话、传真、互联网都能办理铁路发货业务，实现了货物运输网上“一站式”办理，推出“门到门”“站到站”“站到门”等菜单式服务。有的铁路局集团公司甚至打造升级版的“门到门”运输，为客户提供全套物流解决方案，不仅获得了更多中转仓的运输订单还进入了中转仓汽车配送等新领域，客户体验和满意度都获得了提升。但从经济社会的发展要求和市场经济的本质要求来看，铁路货运服务水平还有很大的提升空间，必须做出更大的调整和努力。首当其冲的就是要始终牢记“人民铁路为人民”的根本宗旨，真正树立“顾客就是上帝”等客户价值观念和经营理念，完成从“只管生产”向“也要经营”转变，以“恰当质量”为核心，以优质服务为抓手，积极打造适应铁路企业向运输物流转型发展所必须的经营文化和质量管理文化。

2. 全力以赴保证优质服务

相对于竞争对手，铁路“门到门”运输需要 3 次装卸才能完成，而公路“门到门”运输，全程一装一卸即完成。因此，铁路装卸质量风险比公路高出 3 倍，同样，货运办理手续等也比公路繁琐 3 倍。在铁路货运市场份额下降的情况下，想要从公路运输“分一杯羹”，把一些货源拉回铁路，除了要有坚定的信心和真诚的态度外，还要真正站在客户角度考虑问题，想方设法为客户降低货币成本、时间成本和精力成本等构成的购买总成本，保证以“恰当质量”为客户提供优质货运服务。

（1）让客户在办理上省心。广泛开展“一站式”服务，从办理流程开始就做到凡事有人管、有人问、有人解决，在客户只动嘴的情况下就能迅速完成办理。

（2）让客户在体验上舒心。深入细致地了解客户的需求，切实为客户着想，想尽一切办法帮助客户节省物流成本。

（3）进一步提高装车质量，加大对 1.5 吨集装箱、托盘、缠绕机、集装笼（大，小）等集装化用品的使用，降低货物的破损率，保证货物安全，赢得客户信任，真正做到热情温馨、服务到位，不断提高客户的满意度，并以此吸引流失货源回归和更多客户潜在客户，促进“白货”运输增量，最终通过建立顾客忠诚来保证铁路货源的长期稳定。

二、以“恰当数量”为根本，提高铁路货运服务能力

我国铁路既有线一直维持着客货混跑的现状，列车运行调整也一直按照先客后货的原则进行。在实施货物列车开行改革以前，货物列车的运行等级仅高于路用列车，只适合于大宗物资以及对运到时限要求不是很高的货物运输。为适应新形势下的运输市场环境，铁路部门对货物列车开行进行了调整，自 2016 年 8 月 1 日起施行《货物列车开行组织办法》，目的是让铁路企业能更好地适应货物受理方式变化，改革和创新运输组织方式，实现货物列车市场化开行和准时送达，为满足物流市场需求提供高效快捷的运力保障。这些政策的制定和出台，为铁路企业研究探索如何以“恰当数量”为标准，以产品创新和服务创新为手段，提高货运服务能力，实现探索市场、适应市场、引领市场的可持续发展目标指明了方向。

1. 持续保持大宗货物运输增量

党的十八大以来,我国铁路事业实现全面进步发展,路网规模和质量迅速扩充和提高,大部分主要干线实现客货分线运输,为提高铁路客货运输能力提供了坚实保障;铁路技术经济水平全面跃升,主要运输指标稳居世界第一,特别是伴随科技创新步伐加快,高铁、既有线提速、重载铁路等技术均达到世界先进水平,大秦、瓦日等铁路重载技术能力世界领先,为铁路货物运输提供了可靠的技术装备支持。

大宗稳定货物运输是指货物运量较大、货源稳定均衡,能够提前确定运输需求的物资,如煤炭、焦炭、石油、金属矿石等。为充分发挥铁路运输路网发达、运量大、效率高及绿色环保等优势,实施铁路货运增量攻坚,大宗货物运量占铁路货运总量的比例稳定保持在90%以上,必须保证大宗稳定货物运输持续上量。同时,适应国家调整运输结构、增加铁路货运量的要求,尤其是针对公路运量回归的实际,建立合同运输服务机制,还要扩大重点企业运量占比,提升大宗稳定货物运量,这是铁路企业发挥自身运量大、能耗低、排放少、污染小的比较优势的必然选择。为此,铁路总公司所属十八家铁路局集团公司与50家大型企业在京签署年度运量运能互保协议,并与1 014家大型企业进行了协商对接,已确定或达成意向的互保协议运量超过20亿吨,较2016年协议运量增长30%。与大型企业签署运量运能互保协议,标志着铁路总公司调整运输结构,增加铁路货运量战役提前展开,其目的就是要发挥铁路运输优势,加快多式联运发展,提高运输服务保障能力,降低全社会综合物流成本,为推动高质量发展、打好污染防治攻坚战做出应有贡献。

2. 努力提高零散“白货”运输上量

20 世纪 90 年代，国际制造业为了更好地满足消费者的多样化、差异化和个性化的消费需求，实现多品种、小批量以及灵活易变的生产方式，推出了柔性制造系统，实行柔性化生产。随后，柔性化又扩展到了流通领域，根据供应链末端市场的需求组织生产和安排物流活动。物流作业的柔性化是生产领域柔性化的进一步延长，它可以帮助物流企业更好地适应消费需求”多品种、小批量、多批次、短周期”的趋势，灵活地组织完成物流作业，开发出创新产品和创新服务，为客户提供定制化的物流服务来满足他们的不同需求。

相比公路、水运、航空，铁路货运虽然有完备的路网和大宗运输的优势，但在灵活性、产品种类、市场商机把握等方面仍然存在不小差距。随着我国运输产业结构的不断调整和一些高新技术产业的快速兴起，铁路运输对象发生了较大改变，呈现出“轻、薄、短”的特点，客观上要求铁路货运除了要继续稳定大宗物资运输外，还要深化运输深化供给侧结构性改革，提高对物流市场的适应性，增强在“白货”市场的竞争能力，进一步推动铁路货运加快向运输物流转变，货运组织朝着更加柔性化的方向发展，不断满足客户个性化、差异化需求，实现货物列车市场化、定制化开行，努力提高零散“白货”运输增量。

铁路大宗货与“白货”运营模式比较如图 3-1 所示。

铁路企业要结合快运需求灵活多变的特征，在不满轴、适当增加运费的条件下，积极开发适应市场需求的小型编组、周转迅速、开行周期稳定的快速或普快班列产品。针对具有较强时效性的货物，可以采用小编组快速周转的方式，减少集结

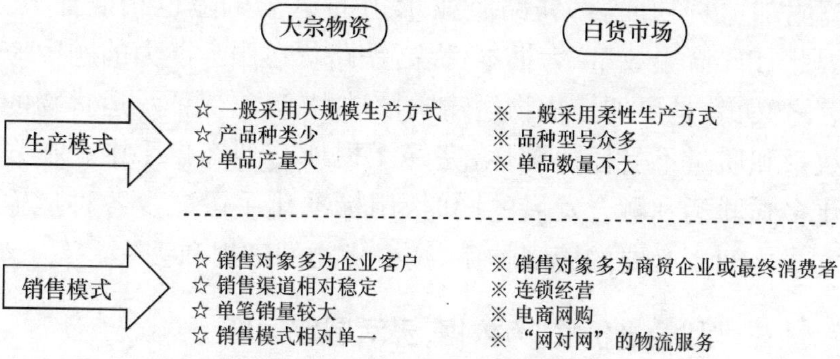

图 3-1　铁路大宗货物与“白货”运营模式比较

时间。适当调整有关政策，引导各铁路局集团公司多装、混装，充分利用车辆载重和容积，提高车辆使用效益，节约运输成本，充分满足客户“多品种、小批量、多批次、短周期”的市场需求。广泛与公路、内河航运、海运以及民航等其他交通行业开展合作，各方密切配合，充分发挥自身优势，降低成本提高效率，通过多式联运为客户提供货物一票到底的“门到门”服务。加强物流基地与区域第三方物流企业合作，完善铁路城市配送网络，提高物流速度，降低物流成本，以适应当前快速增长的农产品及零散物流需求，进一步提升铁路物流市场竞争力。

3. 全力保障运输货物数量和质量

由于零散“白货”本身件数多，重量和体积差异大，包装形式和包装强度不统一，在整个运输过程中，货物从进站、仓储、装车、卸车、中转分拨到配送，货物包装质量有时难以适应，造成货物包装破损率提高，丢货少货、货损货差、包装污损的情况时有发生。同时，零散货物在进行人工集装、装车、卸车、分拨、交付时，货件清点工作量较大，效益低，也容易出差错，难免出现漏装漏卸的情况，严重时还会出现货物丢失，对于一些高附加值货物而言，铁路企业承担的运输风险也相应加大。因此，以“恰当数量”为根本，提高铁路货运服务能力的题中应有之义，就是要加强货物运输质量过程管理，保证承运货物的数量和质量不受任何破坏，完好无损地交到客户手中。在强化多式联运和融合发展的同时，用标准化手段减少各种运输方式之间不必要的搬倒腾挪，减少货物的破损和丢失。

三、以“恰当价格”为依据，灵活制定运价

定价策略是市场营销组合中十分关键的组成部分，它是指企业为了实现预期的经营目标，根据企业的内部条件和外部环境，对某种商品或劳务，选择最优定价目标所采取的应变谋略和措施。价格通常是影响交易成败的重要因素，同时又是市场营销组合中最难以确定的因素。在激烈的市场竞争中，企业依据成本、竞争和需求等因素决定的产品价格，往往并不是产品的最佳价格，而是产品的基本价格，因此，企业需要对基本价格进行调整和修正，也就是运用各种定价策略使价格和市场营销组合中的其他因素更好地结合，促进和扩大销售，提高企业的整体效益。这要求铁路企业既要考虑必要的成本补偿，又要考虑消费者对价格的接受能力，从而使定价策略具有买卖双方双向决策的特征。此外，价格还是市场营销组合中最灵活的因素，它既可以对市场作出灵敏的反映，又需要铁路企业根据物流运输和市场价格制定合适的价格机制，并根据营运货物类型和品牌来构建合理的价格标准，从而保障客户的基本权益。

1. 逐步完善运价市场化浮动机制

在条件许可的情况下放开运价，让市场机制充分发挥作

用，很多国家铁路改革的成功经验之一。随着全国公路网的崛起，货运进入了一个近似充分竞争的运输市场，铁路企业改革也应该有条件地放开运价，建立基于竞争的运价体系。2014 年 4 月，我国放开社会企业投资建设的准池铁路货物运价。准池铁路开通运营后，货物运价将实行市场调节，由铁路运输企业与用户、投资方协商确定具体运价水平。这是国内放开铁路货物运输价格的首次尝试，是完善主要由市场决定价格机制的具体体现。2014 年 12 月，按照国务院常务会议部署，我国进一步放开了铁路散货快运价格、包裹运输价格，以及社会资本投资控股新建铁路货物运价、社会资本投资控股新建铁路客运专线旅客票价等四项具备竞争条件的铁路运输价格，指导地方放开铁路运输延伸服务收费，由相关经营者根据生产经营成本、市场供求和竞争状况、社会承受能力等自主确定具体价格水平。

2015 年 1 月 30 日，国家发改委公布了《国家发展改革委关于调整铁路货运价格进一步完善价格形成机制的通知》。为适应运输市场发展，进一步推动铁路货运价格市场化，积极引导社会资本投入，加快推进铁路建设，国家发展改革委决定适当调整铁路货运价格，并建立上下浮动机制："由平均每吨公里 14.51 分钱提高到 15.51 分钱，并作为基准价允许适当上浮，上浮幅度最高不超过 10%，下浮仍不限，在上述浮动范围内，铁路运输企业可以根据市场供求状况自主确定具体运价水平。"

2. 市场竞争就必须有配套的浮动价格机制

铁路运价浮动机制的建立，标志着铁路货运向市场化迈出了一大步。从铁路货运市场化改革的效果来看，改革打破了原来铁路货运统一定价、统一收费的模式，赋予了铁路企业自主定价权。完善铁路货运定价机制本身是铁路企业市场化的重要体现，是应对市场竞争有效实施价格弹性策略，是铁路企业由运输生产型向市场经营型转变的题中应有之义。

(1)很多行业的生产与销售具有季节性，对应的原材料需求与产成品的销售也具有季节性，这些货物对应的铁路运输需求也必然具有明显的季节性特征。

(2)客户服务需求也具有差异性，不同客户对货运时效性要求不同。一般而言，对于时效性要求高的客户对物流价格相对不敏感，而对时效性要求低的客户对物流价格比较敏感。按照市场规律，灵活运用货运定价策略引导铁路货运需求变化并组织实施货运市场化操作，既能保障铁路货运的基本业务质量，也能提高客户的服务体验。

(3)铁路货运只有在市场竞争中更好运用价格策略，抓住货运市场的价格规律，才能更好地提升市场竞争力。灵活的运价政策，不仅降低了社会物流成本，还在一定程度上解决了铁路企业自身因各种材料、人工成本上涨吞噬运的输成本，有利于增强企业还本付息的能力。

(4)伴随运价市场化浮动机制的逐步完善，会倒逼铁路企业深化体制机制改革，要求铁路企业既要眼睛向内，抓管理练内功，也要眼睛向外，更大程度上去适应市场、贴近市场、融入市场，有利于促进全面深化铁路公司制改革。

3. 灵活运用市场渗透定价策略

市场渗透定价策略是指以一个较低的产品价格打入市场，目的是在短期内加速市场成长，牺牲高毛利以期获得较高的销售量和市场占有率。渗透定价策略的优点是有利于占领较大的市场份额,通过提高销售量来获得企业利润,同时,低价低利对阻止竞争对手的介入有很大的屏障作用。例如,本田摩托车首次打入美国市场时美国摩托车售价大多在1 000美元以上。为了迅速占领市场并扩大市场占有率,本田公司每辆摩托车的售价仅为250美元,凭借市场渗透定价策略,本田摩托车很快在美国占得一席之地。可见,这种策略具有鲜明的渗透性和排他性。渗透定价策略的不利之处在于定价过低,一旦市场占有率扩展缓慢,收回成本速度也较缓慢。

货运组织改革以来,铁路运输企业虽然给公路物流体系造成了强大的冲击,形成了巨大的压力,但是还远远没有取得陆路物流运输市场的主导权,特别是在返空车领域,公路仍然占据支配地位,迫切需要充分发挥价格杠杆作用来帮助铁路企业争夺陆路货源,展开更加有力的市场竞争。在一定时期和一定区域内,灵活运用市场渗透定价策略,可以谋求更大的市场占有率。当然,运用渗透定价策略绝不是盲目降价,而是下功夫找准公路价格的最低临界点即盈亏平衡点,制定出能够击退竞争对手的铁路货运价格水平,用最小的代价夺回货源。

2015年,铁路总公司为了有效扩大铁路煤炭市场份额,以原呼和铁路局、北京铁路局和济南铁路局为试点,下调铁路运费。经核算,从内蒙古到张家口铁路运费下降约30元/吨,到山东下降约60元/吨。这种价格调整和低价渗透,目的就是要谋求铁路在货运市场占有更大的份额。在实现了阶段性目标后,铁路运输企业即可停止使用市场渗透定价策略,逐步回调运价来赚取合理利润,以实现企业长期赢利的目标。运用市场渗透定价策略的最终目的是让铁路企业重拾陆路货运市场的主导地位，做全国“干线”运输，让公路更多地做两端配送，从而实现铁路企业市场占有率的最大化和运输资源配置效率的最大化。

4. 积极尝试区分需求定价策略

区分需求定价法也叫“价格歧视”或“差别对待定价法”，是以需求强度差异为定价的基本依据，针对每种差异来决定其在基础价格上是加价还是减价。实行差异定价要具备以下条件：

(1)市场能够根据需求强度的不同进行细分。

(2)细分后的市场在一定时期内相对独立，互不干扰。

(3)高价市场中不能有低价竞争者。

(4)价格差异适度，不会引起客户的反感。

根据差异定价要具备的条件，铁路企业完全可以用运输收入来作为标准，先确定铁路正价(吨公里单价)是多少，并向社会公布。在此基础上，运用大数据技术对运输收入大小和货源存续期间长短来对客户进行分级并设定不同的优惠价格。例如，如果客户一个月给铁路包干一万元的运费，铁路就在正价基础上给你下浮 10%，如果存续期间长，还要下浮更多；5 万，20%；50 万，30%；500 万，40%……以此类推，越往上下浮幅度越大。这样既增加了铁路运价的透明度，又让客户不请自来，操作起来简单、明白、有统一标准，而不是关起门来议价。

通过量价挂钩，把有量级的客户和货源吸引到铁路企业中上来。到了年终，还可以将辖区内实现了的有量级货源进行排序，分别给予物质和精神奖励，从而维系 VIP 客户，强化客户关系管理。特别的对于铁路运费收入达千万级/年以上的客户，还应制定专门的返还奖励办法和标准，比如可以按0.1%～1%的返还标准，进行年终返点奖励。通过年终返点和量价挂钩配合使用，增强铁路货运对客户的"黏度"，牢牢地把大客户吸引并留在铁路运输企业。

四、以"恰当商品"为出发点，优化货运产品

被誉为"竞争战略之父"的美国学者迈克尔·波特，在1980年出版的《竞争战略》中提出了三种卓有成效的竞争战略：总成本领先战略、差异化战略和集中化战略。其中，差异化战略是指使企业产品、服务、企业形象等明显地与竞争对手区别开来，以获得竞争优势。这种战略的重点是创造被全行业和客户都视为是独特的产品或服务。

采用差异化营销战略优点有：可以使顾客的不同需求得到更好的满足，也使每个子市场的销售潜力得到最大限度的挖掘，有利于扩大企业的市场占有率；降低企业经营风险，即一个子市场的失败，不会导致整个企业陷入困境，正所谓"东方不亮西方亮"；大大提高了企业的竞争能力，提高消费者对企业产品的信赖感和购买率；多样化的广告，多渠道的分销，多种市场调研费用，管理费用等，都是限制小企业进入市场的壁垒。所以，对于拥有雄厚的财力、强大的技术、高质量的产品的企业来说，差异化营销战略是最佳选择。

在具体的营销实践中，所谓差异化市场营销，是指面对已经细分的市场，企业选择两个或者两个以上的子市场作为目标市场，分别对每个子市场提供有针对性的产品和服务，企业根据子市场的特点，分别制定产品策略、价格策略、渠道策略以及促销策略并予以实施。

1. 促进货运产品结构调整

铁路企业在经历了大宗货物运量持续走低多年后，2017年大宗货物运量开始回升，煤炭、金属矿石、钢铁、粮食等大宗物资装车均保持10%以上同比较大幅度增长。尽管如此，铁路企业绝不能“好了伤疤忘了疼”，还必须提高对货运市场的适应性，增强在“白货”市场的运输竞争能力。否则，抗市场风险的能力就非常脆弱，只要大宗货物运输需求一波动，整个铁路货运就会出现被动。同时，各种交通运输方式竞争的日趋激烈也会加剧这种竞争被动的状况。铁路企业必须深化运输供给侧结构性改革，积极调整货运产品结构，拓展集装箱、多式联运物流运量，大力发展敞顶箱、国际班列、电商快运、商品汽车、冷链物流等多元化货运产品，不断扩大货运市场份额，加快促进铁路企业向运输物流转型发展。

【链接】 2004年10月，美国《连线》杂志主编克里斯·安德森在一篇文章中首次提出了“长尾理论”。长尾理论示意如图3-2所示。由于成本和效率的因素，过去人们只能关注重要的人或重要的事，如果用正态分布曲线来描绘这些人或事，人们只能关注曲线的“头部”，而把处于曲线“尾部”、需要更多的精力和成本才能关注到的大多数人或事忽略了。在具体的工作视野中，企业更多关注的是少数几个所谓VIP客户，无暇顾及在数量上居于大多数的市场利基者——零散小客户。

铁路企业向物流运输转型发展进程中，需要借鉴长尾理论并结合地域特点和自身优势，开发出多品种的货运产品来满足“尾部”零散小客户的需求，使其产生的整体效益接近“头部”。行之有效的办法之一，是在“稳大宗”的同时，继续挖掘

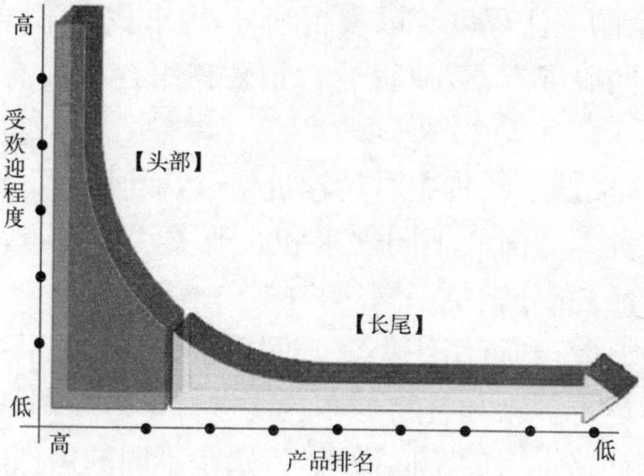

图 3-2　长尾理论示意

高附加值的"白货"货源，促进铁路货运结构不断调整，千方百计地扩大铁路运输市场份额。据财经网 2017 年 9 月 8 日报道，本年度前七个月，铁路集装箱运输、高铁快运、冷链物流等继续保持快速增长。其中，集装箱、商品汽车运量同比增幅分别为 40.8%和 66.7%，高铁快运同比增长 70%，冷链物流同比增长 120.1%。"白货"运输量的持续高速增长，标志着铁路货运产品结构调整初现成效。

2. 促进货运产品差异化

货运产品差异化营销的前提是对目标市场进行细分。

首先，按照货物发送量细分市场。铁路运输企业可以根据客户关系管理信息系统(CRM)的资料档案，对货主按 A 类(占总发送量的 50%)、B 类(占总发送量的 30%)、C 类(占总发送量的 20%)进行分档统计。

其次，对 A、B 类顾客所提运的货物，按货物的价值(决定运费的承受力)、物理性质(决定着运输条件)、要求的运输时间、对安全的关注程度等因素再细分，力求找出不同的顾客所需要的不同服务方案，使货运营销营销组合更具有针对性和有效性。

最后，根据不同货主对运输价格、运输时限、运输质量、运输延伸服务等方面的不同需求和企业关注的重点，设计不同的运输产品，充分满足不同客户的运输需求。

《货物列车开行组织办法》对货物列车进行了重新分类，并对列车运行等级和货物列车速度进行了重新调整。一是根据客户对铁路运力的不同需求，特别是不同的运到时限要求，将铁路所物列车划分为三类，即普速货物列车、快速货列车和特需货物列车。其中，特需货物列车，根据客户对货物运到时限、运输条件等方面的不同需求，按列车运行时速度分为160公里、120公里及80公里三个等级；快速货物列车，包含特快货物班列、快运货物列车、"点到点"快速货物列车及远程技术直达列车四类；普速货物列车，指快速、特需货物列车以外的其他普速货物列车。将货物列车重新进行分类后，客户可以根据需求选择开行货物列车种类，享受到铁路企业提供的差异化服务。

2018年9月17日，中国中车发布时速超过250公里的货运动车。货运动车组一旦批量投入使用，高铁货运的网络、速度、成本、正常性的优势，将会对当前国内快递和货运的发展格局产生重大影响，也会对铁路货物提高零散"白货"运输增量产生质的变化，除了时鲜果蔬、快递包裹外，名贵的珠宝、高档数码产品、医疗用品等都可以成为铁路零散"白货"运输的新宠。一方面，由于部分货物列车的等级高于旅客列车甚至是特快旅客列车，可以为特定客户群提供高端运输服务。

另一方面，客户也可以根据货物运到时限的需求，灵活选择货物列车的运行速度。这样做不但大大提升了货物列车运到时限的保障性，还最大限度地满足了物流运输的个性化需要，提升了铁路企业在货运市场的竞争力。

在向运输物流转型发展的过程中，铁路企业还应当重视借助先进的科学技术和信息技术建立现代化的物流管理平台，结合市场发展方向和客户需求开发出更多的差异化服务或产品，从而给客户提供良好的运输物流服务，全方位提升铁路企业形象和经营效益。

五、以"恰当的时间"为原则，降低交易成本

21 世纪人类最稀缺的资源就是时间。一方面，随着经济社会的发展，生活节奏的加快，人们的时间价值也越来越大、越来越珍贵，客户对顾客让渡价值越来越重视，越来越敏感。另一方面，铁路货运服务给客户留下的消极刻板印象还远未消除：不仅脸难看、事难办，发运困难，而且手续复杂、运输时间长、货物损耗大。要想改变客户对铁路货运服务的消极刻板印象，赢得客户满意，就必须放下"铁老大"的架子，换上"店小二"的热情，设身处地为客户着想，了解他们的实际需要并通过提高速度、确保准时、改善设施等多方面挖潜提效来获得客户满意。

1. 简化货运受理，增强服务的"响应性"

响应性是服务质量评价的要素之一，主要是指帮助顾客及提供便捷服务的自发性，强调在处理顾客要求、询问、投诉和问题时的专注和快捷。响应性主要表现在顾客获得帮助、得到答复前等待的时间上。为在响应性维度上做到优异，铁

路企业应站在客户角度来审视服务传递及处理顾客要求的整个过程，尽力缩小企业内部过程要求速度和快捷标准可能与顾客对速度和快捷的要求之间的差异。通过“简化受理”有效方式等，方便、快捷、多渠道地为客户提供服务。

(1)网上受理、电话受理都要采取最简单的操作和流程，优化客户体验。

(2)窗口只要有货物到达，要立即受理。只要货主提出运输需求，铁路客服人员就直接帮助货主办理完成货运手续，提高效率。通过“简化受理、随到随办、规范收费、热情服务”，增强服务的“响应性”，缩短货物受理时间，降低客户交易成本。

2. 严格管理标准，增强服务的“有序性”

供应链物流中成本浪费最大的要素是不确定性带来的，而准时是铁路货运面临的主要挑战。铁路货物运输要实现“门到门”一般经历四个环节:门到站、站到站、编组与解编、站到门，而公路“门到门”运输是一贯到底的，因此，同样的距离，要求铁路和公路同时到达不现实，如果铁路的货物运输比公路晚一两天到达，客户还是能够理解的，但如果是成倍地晚于公路运输就无法接受了。与多数“门对门”不需换装的公路物流相比，铁路货运的时效性还有待进一步提高。“恰当的时间”就是要求铁路货运必须通过提高管理水平提高时效性。

(1)从上游来讲，以车务站段为基础，把其辖区内所有的、真实的到、发客户资料全部收集起来，汇总到铁路局集团公司，再对客户进行分析、整合、配对，按照大、中、小三类，分别制定客户标准，并予公布，形成一张由货主、货源、货流组成的超级货联网。

(2)从中游来讲，运输组织、货运组织、装卸组织和营销组织，应分别制定对内、对外标准。对内，制定办理站和编组站之间的取送车用时标准，办理站和编组站分别的停时标准，待卸车在办理站和编组站分别的保有量标准，对内公布并逐步对外公布。对外，制定接卸货用时和服务质量标准，装卸车质量标准，铁路运输产品时限标准，并予公布。

(3)从下游来讲，到站后及时上位卸车和交付到位。制定到达上站时限标准，卸车交付时限和服务质量标准，索赔、理赔处理时限和服务质量标准，并予公布。通过这些行之有效的管理措施，不断增强铁路货运服务的“有序性”。

3. 优化货运组织，增强服务的“可靠性”

有契必守，方能赢得市场。铁路货运的运到时限关系到客户的根本利益和他们对铁路企业的切身体验。在探索实践过程中，铁路企业通过开行货运班列、“点到点”快速货物列车、快运货物列车和特需列车，有效解决了铁路运输时间“不靠谱”的问题，增强了服务的“可靠性”。但由于客户对运到时限要求越来越高，铁路货运在门到站、站到站、编组与解编、站到门等环节又比较多，因此，提高时效性对铁路企业来说仍然面临巨大挑战。在加快向运输物流转型发展的进程中，铁路企业必须加强货物列车开行组织工作，必须结合实际做好运行径路匹配、运行时刻确定和方案优化，充分发挥调度集中协调指挥作用，加强工作联系与对接，持续推进货物列车市场化开行改革，创新运输组织方式，保证运到时限。

(1)要制定严格的运输组织方案，明确停留时间和装卸作业时间。对那些有定期物流需求的大型企业，与其签订相关协议，配合其生产流程来开行周期稳定的零散快运班列，减少途中装卸作业次数，确保班列运输时效。

(2)尽力缩短集货时间,采用新型轻载货车等方式解决非满载问题。

(3)提高节点作业效率,包括装箱、拆箱以及自动化分拣作业,尽可能多地引入集装箱和研发铁路专用的可周转集箱内组合分箱,并研发相应配送车辆。

(4)在路网衔接方面尽可能减少传统的解编、再编组的方式,完成事实班列,实现中长途点到点直运。

(5)开行超级班列,逐步推行定时货运的客车化,在运行组织上强制实现准时制。

(6)提高货运装备的标准化,研发与集装箱配合的组合分箱及相应的"门到门"标准配送车辆,保证集货与配送节点的准时,切实增强"后厂"运输保障能力。

总之,只有从市场实际、贴近客户需求出发,加强运到时限管理和列车运行组织,对货物列车全过程、全覆盖运行盯控,优化运行方案,才能不断提高铁路企业的运输效率和经济效益。

六、以"恰当的场所"为原则,延长物流链条

为提高效率、增强物流服务有效供给能力,铁路企业需要加快延伸服务链条,增大运输半径,加大与航运、海运以及公运等运输企业的合作力度,科学制订联运标准,建立起立体化的货物运输网络,有效保证供应链集成、一体化物流等高附加值物流服务质量。

1. 融合发展,做大格局

加强铁路企业与物流企业联盟、与核心企业合作,延长物流链条,提高市场竞争力。

(1)要注重发挥铁路的体制和资源优势,把这些优势和运输市场需求有效结合起来,扩大服务范围,并积极联合仓储、货代、快运以及运输等铁路系统的大型物流企业融合衔接,打造出一个具有生命力、竞争力的铁路物流。

(2)积极鼓励与推进主要港口、大型物流园区、工业园区引入铁路专用线,打通“最后最前一公里”。

(3)推广多式联运,构建交通融合发展新体系。铁路企业应依托综合运输大通道,加快推进仓单、托盘等软硬件设施的标准化,实现运输管理信息联网共享,推广集装箱货物多式联运,打通连接枢纽的“最后一公里”。

(4)进一步密切与煤炭能源、钢铁等重点企业的战略合作,对接运输需求,积极融入企业材料采购、生产销售、市场拓展等产业链,探索开展全程物流总包业务,努力在深化合作中融合发展,做大格局。

面对日益竞争和快速发展的社会,各铁路局集团公司融合发展,做大格局方面进行了探索努力,展开了各具特色的发展营销策略,努力打造具有“局域”特色的发展方向和货运品牌。北京路局集团公司借货运改革的东风,结合局域特色,发挥地域和资源优势,挖掘运输潜能,找准发展契机,突破运输瓶颈,积极开发“海铁联运”新服务品牌,闯出一片现代物流运输新天地。

中国铁路广州局集团公司和东莞徐记食品有限公司联合开行“徐福记号”货运专列,这是全国首趟铁路食品集装箱快运专列。本次货运专列的开通,是徐福记这一糖果行业龙头企业物流“公转铁”的重要一步,也是该公司物流环节降本增效的一大尝试,预示着中国“铁路+物流业”合作时代即将来临。

“铁路+物流业”不仅能够有效减轻物流业长期以来居高不下的物流成本,又能进一步帮助铁路部门增加运输量和运输效益,实在是共赢之举。东莞徐记食品有限公司与铁路部门开展合作,一方面用集装箱独立成柜、全程密封运输,不但食品安全有保证,同时,每年可直接减少 3 400 多吨柴油消耗,减少 10 000 多吨二氧化碳排放量,成本显著降低,排放大幅减少,既减轻了成本,还为地方生态作出了贡献。

“铁路+物流业”合作模式有利于增加铁路效益。随着铁路建设加快,铁路网规模不断扩大,铁路自身经济效益问题也更加突显。铁路面临的问题包括自然资源运输量减少、煤炭需求减少、市场竞争压力大等多种问题,这些问题直接影响着铁路运输的经济效益。铁路企业自身的除了运输成本低、交通网络四通八达等特有优势以外,还具有运输时间短、运输安全等关键因素。

“铁路+物流业”合作模式既给了物流业新的生机,也给铁路企业自己带来新的机遇,也必将成为拉动国家经济发展的一项好措施。

2. 扬长避短,互利共赢

适应我国快递业发展的需要和积极推进运输供给侧结构性改革,都迫切需要铁路企业加强与中铁快运、京东、顺丰、申通、圆通等路内外物流企业的合作,充分利用载客高铁、高铁确认车、仓储配送设备等既有资源,精心打造高铁快捷运输产品,拓展快运物流市场。高铁快运是铁路企业依托高铁列车等运输优势资源、针对市场需求变化着力打造的物流品牌,主要面向批量小、价值高、时效强的商务文件、电商包裹、生物医药、冷链食品、应急物品等物品，为客户提供小件物品全程运输高端服务。高铁快运可以全天候运行，基本不受天气的影响，准点率高，能够保证快件的运输时效，具有时效快、品质优、标准高等特点。

2016年“双十一”电商黄金周期间，铁路总公司借鉴铁路旅客运输黄金周组织模式，充分依托高铁快运、铁路干线运输优势，加强与电商、快递企业合作，推出高铁快运“当日达”“次晨达”“次日达”“隔日达”四类产品及电商班列“一日达”等快捷货运产品，打造铁路“电商黄金周”运输服务品牌。统计数字显示，2016年11月11—20日十天时间，铁路总公司共发送电商快递货物1 525万件，加快了电商货物送达速度，降低了社会物流总成本。

2017年“双十一”，为满足电商、快递等企业电商货物运输需求，在继续开展“当日达”“次晨达”“次日达”等铁路快捷运输服务的基础上，充分发挥“复兴号”动车组的优势，首次在京沪高铁推出“高铁极速达”快运新产品，实现10小时货物送达客户，刷新了目前中国最快的快运产品。铁路企业“双十一电商黄金周”冲刺高铁快运产品，通过“全国铁路抱团行动”“服务质量围绕客户的需求转”等有效举措，激发了快递市场的活力，而且安全、快捷、方便、到位的个性化服务，更大程度地满足了市场需求和广大客户的需求，在提升了铁路企业满足人民对美好生活的需要的能力的同时也让高铁网的作用得到了更加充分的发挥。随着“八纵八横”高铁网建设的投入运营，新建高铁线路将在更大程度上和更大范围利用确认列车运输，基本实现直辖市、省会城市、中东部地区地级市和经济发达县域全覆盖。

高铁加盟快递行列，既是市场旺盛的需求，又是社会资源有效融合的必然。高铁快递打开了物流新窗口，通过这扇窗，不仅让社会公众看到了更加快捷的物流发展模式，更看到了铁路加快推进铁路运输供给侧结构性改革的积极尝试，标志着铁路企业由运输生产型向市场经营型的进一步转变。在扩大有效运力供给的基础上，铁路企业还应积极推进与电商、快递企业合作的常态化进程，进一步探索建立符合市场需求和铁路快运特点的运输服务组织体系，努力打造铁路"电商黄金周"运输服务品牌，为社会提供更加方便高效的铁路快运物流服务。

七、以"恰当的顾客"为根本，服务好目标市场

目标市场是指企业在市场细分之后的若干"子市场"中，所运用的企业营销活动之"矢"而瞄准的市场方向之"的"的优选过程。伴随时代的发展和变迁，铁路货运目标市场也悄然发生着改变，越来越多样、越来越复杂，需要运用发展的眼光和变化的思维来积极应对。

1. 重视工矿企业客户，稳定大宗货物运输

由于铁路货运的优势是中长距离运输，是大宗物资运量，这就决定了工矿企业客户是铁路企业必须重视的直接面对的大客户和主要目标市场。实践也证明了这一点。2017 年国家铁路货物发送量结束了自 2014 年 1 月开始连续 31 个月的下滑，并能首次在货运量上取得近六年来的增长，主要依赖钢铁、煤炭等大宗货物产能在下半年突然提升后对铁路货运需求的爆发式增长。与此同时，国家的政策导向也对铁路运输企业重视好、服务好工矿企业大客户提出了新的要求。2018

年7月2日交通运输部副部长刘小明表示，以推进大宗货物运输“公转铁、公转水”为主攻方向，通过三年集中攻坚，到2020年实现全国铁路货运量较2017年增加11亿吨、增长30%。

这些政策导向不仅为铁路运输企业继续发挥中长距离优势，重视好、服务好工矿企业，稳定大宗货物运输提供了基本的框架指导，也为全面实施货运增量行动明确了基本方向。为力争实现到2020年大宗货物年货运量在150万吨以上的工矿企业和新建物流园区接入比例达到80%以上的目标，铁路企业必须加快干线建设和改造，提高既有铁路综合利用效率，同时加快铁路专用线建设，着力解决港口集疏运体系不优的问题，为工矿企业提供更好的运输组织和服务。

2. 发展第三方物流商客户，开拓市场合作空间

20世纪90年代以来，作为物流业的杰出发展成就，第三方物流服务供应商广泛兴起。与此相生相伴，一些企业开始将核心业务以外的作业外包给第三方物流服务供应商，现代的高效率供应链管理也由此诞生。第三方物流服务商一般是由传统的功能性物流业务提供商通过拓展业务范围、增加服务内容而形成的物流服务公司，其中有很大的比率是由传统的运输业和仓储业为创始业务。这些企业利用传统的运输资源基础，扩展更为全面的综合物流功能，偏重于运输服务，典型企业如中外运、中远、中海等。也有一些企业以传统的资源和已展开的配送业务为基础，扩展更全面的综合物流服务，偏重于仓储业务和区域、市内配送，典型企业有中储、中商、中物资、中粮等。还有一些企业一般是不拥有固定资产或物流设施的代理公司，以代理业务为基础，他们与许多供应商有来

往，具有把不同物流服务项目组合以满足客户需求的能力。

第三方物流服务商通过为客户降低物流总成本，为自己创造利润源泉，而且第三方物流企业还可以通过提供一些增值服务赚取更多的利润。由于第三方物流服务商能够提供比“客户自己做”要更好的物流解决方案，所以许多大企业都非常愿意将物流外包出去。我国著名物流学专家王之泰认为，在我国约8万亿元人民币的国民生产总值中，数万亿的工农业产品最终都要进入物流领域，第三方物流商市场不仅十分巨大的，而且他们凭借其良好的信誉，建立了自己稳定庞大的客户群，他们对市场把控能力强、营销网络成熟，营销组织经验丰富。

铁路货运目标市场的重大变化就是服务对象由以前的龙头企业、集体、个人正在逐渐衍变为各级代理商。铁路企业必须高度重视这些新目标市场群体，通过多种能力和广泛合作，充分开发第三方物流商客户，借力打力，利用他们的客户资源及其物流市场经验，建立更加广阔的合作平台，让他们替铁路企业去找市场、开拓市场终端，而铁路企业专心做最擅长的货物运输，从而优势互补、相得益彰，在双赢、共赢的基础之上不断扩大铁路的货运市场份额。

3. 开发零散货物快运客户，提高货运市场占有率

为了更好地满足零散货物快运市场需求，发挥铁路运输优势，降低社会物流成本，铁路货运在积极办理大宗和整车运输业务的同时，还必须提高为几吨、十几公斤的零散货物和小批量货物提供全程物流服务能力和水平。手续简便、费用低廉、安全快捷，是广大客户选择铁路零散货物快运的理由，相比公路运输，铁路货运可以节省成本，“站到站”“站到门”“门

到站”和“门到门”等多种综合服务也供消费者有多种选择，给消费者带来很大的方便。因此，可以通过增加开行跨局零散货物快运列车等方式为广大小宗货物货主开辟物流通道，在更大程度上和更大范围上满足零散货物快运需求，逐步扩大铁路货运市场份额。

首先，积极开拓冷链物流项目。充分利用现有的 1.5 吨小型集装箱来实现不同温度段货品冷藏运输需求，不断完善 1.5 吨小型集装箱的冷藏运输，以快运产品为载体，面向食品、农产品、药品等领域全面推进，布局低温冷库及设施，形成集批发市场、仓储、冷链物流、初加工、包装、配送一体化的联合社模式，扩展冷链物流市场，有效降低全社会物流成本。充分利用 95306 网站平台和数据优势，通过数据分析、云计算和数据处理等信息化手段，整合各地生产储运和流通信息，对运输、配送流程进行优化、匹配供需，实现车辆、网点、用户等精准对接，有效解决“前后一公里”问题。

其次，扩大小型集装箱运输比例。小型集装箱运输是我国铁路 20 世纪 70 年代为了适应零担货物批量小、数量大，提高车站装卸效率，防止货物丢失和损坏而发展起来的一种运输方式，在当时零担货物数量较多、车站中转效率较低的情况下，充分发挥了集装箱运输的优势，取得了较好的社会效益。今天，铁路企业在加快向运输物流转型发展的进程中，适当增加小型集装箱运输比例，不但既能够带动铁路货物运输走向集装化，而且也为进一步开发零散货物快运客户、实现货物优质安全高效运输提供了保证。

铁路运输企业积极探索、实践货运营销，对于加快向运输物流转型，深化运输供给侧结构性改革，贯彻落实货运增量行动、客运提质计划和复兴号品牌战略，有效促进公司制改革的全面深化，更好担当“交通强国、铁路先行”的历史使命，都具有十分重要作用，需要铁路企业全体干部职工凝神聚力，扎扎实实，坚持不懈，久久为功，从而为加快建立铁路现代国有企业制度、推动实现铁路高质量发展奠定坚实的基础。

参考文献

[1] 习近平.决胜全面建成小康社会　夺取新时代中国特色社会主义伟大胜利[R].北京:人民出版社,2017.

[2] 深化铁路运输供给侧结构性改革[N].人民铁道报,2017-1-11(A1).

[3] 郭国庆.市场营销学通论[M].第5版.北京:中国人民大学出版社,2013.

[4] 菲利普·科特勒.营销管理[M].第13版.上海:格致出版社,2009.

[5] 邝鸿.现代市场学[M].北京:中国人民大学出版社,1989.

[6] 菲利浦·科特勒.市场营销管理:亚洲版[M].北京:中国人民大学出版社,2001.

[7] 朱立.市场营销经典案例[M].第2版.北京:高等教育出版社,2012.

[8] 国家统计局发布数据[N].人民日报,2017-1-21(1).

[9] 深化铁路客运改革　推动铁路可持续发展[N].人民铁道报,2016-6-30(A1).

[10] 2018年上半年经济"成绩单"发布 GDP同比增长6.8%[N].经济日报,2018-7-17(1).

[11] 郭国庆.服务营销管理[M].第2版.北京:中国人民大学出版社,2012.

[12] 唐嘉康.服务营销学[M].北京:高等教育出版社,2012年.

[13] 菲利普·科特.营销管理:新千年版[M].北京:中国人民大学出版社,2001.

[14] 岳阳. 京津城际复兴号动车组实现时速 350 公里运行[N]. 人民铁道报,2018-8-8 (A1).
[15]孙业国. 上海铁路局 24 趟高铁列车旅客点餐不离座[N]. 人民铁道报, 2017-1-27 (A1).
[16]荣志远. 铁路总公司和腾讯公司就深化路企合作举行会谈[N]. 人民铁道报,2017-7-15(A1).
[17] 伯特·哈特利. 市场营销成与败[M]. 北京:中信出版社,2002.
[18] 陆娅楠. 高铁调价了　你想搭哪趟[N]. 人民日报,2017-4-12 (1).
[19] 梁东,连漪. 品牌管理[M]. 北京:高等教育出版社,2012.
[20] 周安华,苗晋平. 公共关系:理论、实务与技巧[M]. 第 2 版. 北京:中国人民大学出版社,2007.
[21] 克里斯汀·格隆鲁斯. 服务管理与营销:基于顾客关系的管理策略[M] . 韩经纶译. 第 2 版. 北京:电子工业出版社,2002.
[22] 王素梅. 企业管理概论[M]. 北京:机械工业出版社,2007.
[23] 陆娅楠,和平. 中国铁路启动客运提质计划[N]. 人民日报,2018-8-10(10).
[24] 中国快递市场占全球半壁江山　物流公司开启技术竞争[N] . 日本经济新闻,2018-1-26(2).
[25]铁总混改再破局　力邀互联网巨头入局[N]. 经济观察报,2017-7-22(1).
[26]张庆英. 物流案例分析与实践[M]. 第 2 版. 北京:电子工业出版社,2013.
[27]占 GDP 15% 约美国两倍 中国物流费用还能怎么降? [N]. 北京商报 2017-1-19(2).
[28]崔介何. 物流学[M]. 第 2 版. 北京: 北京大学出版社,2011.
[29]徐洋. 铁路货物列车开行组织办法的思考[J]. 铁道货运,2017 (1).